크리스천 기도란 예수님이 가르쳐주신 기도를 날줄로 삼고 오늘 내 삶의 필요와 상황을 씨줄로 삼아 기도의 카펫을 짜는 것입니다. 직조물의 크기나 생김, 강도는 날줄에 따라 결정됩니다. 그러나 직조물의 색깔이나 질감은 씨줄에 의해 결정됩니다. 주기도는 내 기도의 기본 골격이 되고 그 골조 위에 내 실제 상황을 엮어 기도를 짜 가는 것이 크리스천 기도입니다.

크리스천
기도

주기도를 내 기도로
내 기도를 주기도로

크리스천 기도

주기도를 내 기도로
내 기도를 주기도로

CHRISTIAN PRAYER

차례

들어가는 글 _7

1. 주기도를 내 기도로, 내 기도를 주기도로? _13

2. 하늘에 계신 우리 아버지여 _35

3. 이름이 거룩히 여김을 받으시오며 _51

4. 나라가 임하시오며 _67

5. 뜻이 하늘에서 이루어진 것 같이
   땅에서도 이루어지이다 _83

6. 오늘 우리에게 일용할 양식을 주시옵고 _99

7. 우리가 우리에게 죄 지은 자를 사하여
   준 것 같이 우리 죄를 사하여 주시옵고   _117

8. 우리를 시험에 들게 하지 마시옵고
   다만 악에서 구하시옵소서   _131

9. 나라와 권세와 영광이 아버지께
   영원히 있사옵나이다 아멘   _149

10. 크리스천 기도 실습   _163

11. 크리스천 기도의 기도근(筋) 키우기   _191

들어가는 글

저는 평생 다음 세대 사역자이자 교육가로 살아왔습니다. 신학자나 영성학자가 아닌 제가 왜 기도에 대한 책을 써야 했을까요?

서점이나 도서관에도 주기도와 관련된 주옥같은 책이 많습니다. 그런데 왜 주기도 관련 도서를 한 권 더 보태야 했을까요? 저는 이 책을 써야 한다는 부담감 앞에서 주님께 여쭈어 보았습니다.

2012년 8월 어느 날 새벽, 기도하던 중에 주님이 이 책을 써야 할 두 가지 이유를 말씀해 주셨습니다.

첫 번째는 목회자로서의 이유입니다.

저는 다음 세대 사역자로서 지난 10년 전부터 한 교회를 개척하여 섬기고 있습니다. 한 세대의 믿음이 다음 세대로 이어지는 교육교회 공동체의 견본 주택을 세우기 위해서입니다. 그래서 교회 이름도 '세대로(世代路)'라고 지었습니다.

저는 목회를 하며 많은 성도가 기도라는 말 앞에서 얼마나 주눅 들고 작아지는지 보았습니다. 성도를 담대하고 성숙하게 세워주어야 할 기도가 왜 그리 어렵고 무거운 주제가 되었는지 궁금했습니다.

그러다가 성도들이 기도를 어려워하는 이유가 기도를 배우지 못했기 때문이라는 사실을 깨달았습니다.

어떤 사람은 예수님을 만나기 이전 이교도들처럼 관념적으로 기도의 대상을 하나님으로 바꾸어 기도합니다. 어떤 사람은 기도가 종교적 의식일 뿐 자신의 삶과는 아무런 상관이 없습니다. 어떤 사람은 종교적 의무로 기도를 열심히, 많이 하지 못하는 것에 죄책감을 지고 살아갑니다. 어떤 사람은 대표기도를 시킬까봐 늘 새가슴이 되어 긴장합니다. 어떤 사람은 힘들고 어려운 일이 생길 때 구급차를 부르는 심정으로 기도합니다. 어떤 사람은 응답에 대한 실망이 커서 기도에 냉소적입니다. 어떤 사람은 일주일 내내 자녀와 함께 또는 자녀를 위해 기도하지 않고 살아갑니다. 그들은 이교도나 율법적인 그리스도인들에게서 기도를 배웠는지도 모릅니다. 기도 생활에도 사사 시대가 있나봅니다.

주님은 이미 우리에게 기도의 모본과 틀, 표준을 주셨습니다. 그것이 주기도입니다.

그러나 주기도는 마음도 의미도 없이 암송하는 예배를 마치는 신호로 전락해버렸습니다. 주기도는 한국교회에서 낭비되는 축복인 것 같습니다. 교인이라면 대부분 주기도를 외우지만 한 개인의 영혼에서 시작하여 그의 삶과 가정, 그가 심긴 작은 세계를 변화시키는 주기도의 놀라운 힘을 제대로 누리는 사람들은 그리 많지 않습니다.

그러나 저에게 주기도는 지난 30년 동안 힘들고 어려웠던 믿음의 순례를 충만한 능력으로 이끌어주고 지켜주며 채워준 기도의 틀이었습니다. 아직도 갈 길은 멀고도 멀지만 주기도를 내 기도로, 내 기도를 주기도로 붙잡지 않았다면 지금 누리는 영적 풍성함은 상상조차 할 수 없었을 것입니다.

돈이든 은사든 내 안에 갇힌 축복은 독이라는 것을 알기 때문에 내게 주신 축복을 나누어야 한다는 부담을 안고 이 책을 쓰게 되었습니다.

두 번째는 다음 세대 사역자로서의 이유입니다.

부모와 교사가 바른 기도를 통해 충만한 삶을 회복할 때, 우리의 다음 세대가 건강하고 바른 하나님의 세대로 자랄 수 있습니다. 언젠가 아프리카의 한 내전 국가에서 피골이 상접한 엄마의 가슴팍에 달라붙은 젖가슴을 빠는

애처로운 아이 사진을 본 적이 있습니다. 그때 내 손에 먹을 것이 있었다면 먼저 엄마를 먹였을 것입니다. 그것이 그녀의 아이를 살리는 길이니까요. 부모와 교사가 기도를 통해 풍성하고 능력 있게 주님과 동행하는 삶을 배우거나 살아내지 못한다면, 어떤 공과 책이나 교육 시스템으로도 우리의 다음 세대는 건강하게 자랄 수 없습니다. 이 책을 구상하고 쓰는 시간 내내, 바른 기도 생활을 통해 부모와 교사가 생명력 있는 예수님의 제자로 서게 하는 것이야말로 다음 세대 사역자로서 제가 해야 할 중요한 사역이라 생각했습니다.

저는 주기도를 내 기도로, 내 기도를 주기도로 붙들고 살면서 영광스러운 믿음의 스토리가 대물림 되는 비전을 품고 이 책을 썼습니다.

기도에는 완성이 없습니다. 기도를 배우는 일에는 정답도 없습니다. 이 책은 기도학교의 학생인 제가 기도를 배우기 원하는 동료 학생에게 요령 한 가지를 일러 주고 싶은 작은 섬김의 마음에서 시작된 것뿐입니다.

이 책에 소개하려 하는 크리스천 기도는 지난 30년 동안 내 삶을 기적으로 채워준 영적 탯줄이었습니다. 언제부턴가 나는 매일의 일정이 적힌 수첩에 'TMD 메모'를 하는 습관이 생겼습니다. 이것은 Today is Miracle Day

(오늘도 기적의 날)의 약자입니다. 주께서 날마다 내 작은 삶을 인도하시고 동행하시는 작은 증거들을 수첩에 기록하는 겁니다. 참으로 놀라운 것은 하루도 빠짐없이 적을 내용이 있다는 것입니다. 주님이 살아 계시는 한, 내일도 모레도 그럴 것입니다. 크리스천 기도를 통해 당신도 날마다 기적으로 채워지는 축복의 삶을 누릴 수 있기를 기도합니다.

  작은 예수를 세우는 교육교회 공동체의 사명을 함께 지고 가는 나의 가족 세대로교회 성도들에게 감사합니다. 나이가 들어도 철 안 드는 남편과 동행하느라 마음이 바쁜 아내에게도 감사합니다. 그리고 내 평생의 부담이며 축복인 이 땅의 모든 다음 세대에게 이 책을 바칩니다.

양승헌

1

주기도를 내 기도로,

내 기도를 주기도로?

두 나무 이야기

크리스천의 삶의 방식을 생각할 때, 내가 봤던 두 나무가 떠오릅니다.

하나는 올리브나무입니다. 몇 년 전, 연구월을 맞아 터키를 여행하며 올리브나무를 제대로 만났습니다. 어느 지역인지 기억조차 나지 않지만, 버스는 끝없이 펼쳐진 올리브 숲 사이를 달리고 있었습니다. 세 시간을 넘게 달려도 끝날 것 같지 않은 엄청난 올리브 숲에서 나는 눈을 뗄 수가 없어 고개가 아플 지경이었습니다. 갓 심은 어린 나무에서 수백 년은 묵은 나무까지 나지막한 야산들이 온통 올리브 밭이었습니다.

그러나 내가 올리브나무에 반하여 마치 학교에서 교목(校木)을 정하듯 올리브나무를 '나의 나무'로 정한 것은 서식 면적이나 규모 때문이 아닙니다. 그 서식 특성 때문입니다. 현장에서 가이드에게도 묻고, 자료들을 찾아보며 나는 올리브나무와 깊은 사랑에 빠지고 말았습니다. 올리브나무는 지중해성 기후에서만 자라는 특별한 식물입니다. 성경에는 감람나무라고 번역되어 있지만, 올리브 열매와 비슷한 열매를 맺는 중국의 감람나무와는 전혀 다른 나무라고 합니다. 우리 성경이 번역될 때 중국어 성경을 참조하며 번역하다 보니 우리나라에 없는 이 나무를 번역할 말이 마땅치 않아 중국 성경 그대로 감람나무라고 번역한 것이겠지요. 올리브나무가 얼마나 유익하고 유용하며 가치 있는 나무인지, 지중해 지역 사람들은 이 나무를 '신이 주신 선물'이라고 부릅니다. 1년생 새 가지에 열매를 맺는 이 나무는 엄청나게 많은 열매를 맺습니다. 심은 지 15년쯤 지나면 상품성 있는 열매를 제대로 맺기 시작하여 30년이 되면 완전한 수확기에 이르게 되는데, 나무 크기에 따라 차이는 있지만 210킬로그램에서 320킬로그램의 열매를 맺는다고 합니다. 열매가 얼마나 많은지, 대추나 고추를 따듯 하나하나 따는 게 아니라 큰 빗같이 생긴 뜰채로 훑어서 땁니다. 그 열매의 용도도 참으로 다양합니다. 과육은 우리네 김치처럼 다양한 방식으로 절여서 피클로 만들어 먹고, 으깨지고 압착될 때 나오는 올리브유는 식용뿐 아니라 의료, 제의(祭儀), 미용 등 광범위한 용도로 사용합니다. 잎은 말려서 양념으로 사용하고, 줄기는 면류관을 만드는 데 사용하기도 합니다. 나는 내 생애가 올리브나무처럼 의미 있고(meaningful), 가치 있으며(valuable), 아름답고(beautiful), 안정감 있으며(peaceful), 기쁨이 넘치고(joyful), 열매가 가득하기를(fruitful) 갈망합니다. 틀림없이 당신의 소원도 그럴 것입니다.

그러나 언제나 그렇듯 우리의 소원과 현실 사이에는 상당한 거리가 있습니다. 마음으로야 백 번 천 번 올리브나무처럼 살고 싶다는 소원이 있지만, 실상 우리 삶은 그렇게 전개되지 않습니다.

흔히 우리의 삶의 실상은 내가 모하비 사막에서 만난 텀블위드(Tumble Weed)와 같습니다. 텀블위드는 '회전초'라고도 하는데 마치 실가지 여러 개를 공처럼 얽어놓은 듯한 모양으로 매우 특이합니다. 사막에서 자라는 텀블위드는 생존을 위해 한 곳에 뿌리를 내리지 않고 습기가 있는 곳을 발견하면 잔뿌리를 내리고 살다 그곳의 습기가 마르면 이내 바람에 몸을 맡겨 습기 있는 곳을 찾아 이리저리 굴러다니며 살아갑니다. 그래서 생김새가 동그란 공처럼 된 것입니다. 텀블위드처럼 우리는 더 좋은 삶의 여건을 찾아 이리저리

헤매고 다니지만 삶은 늘 메마르고 까칠하며, 어둡고 우울하기 일쑤입니다. 나보다 잘사는 사람들을 부러워하고 남들처럼 누리지 못하는 것을 속상해하며, 내 팔자려니 체념하고 그냥저냥 살아갑니다. 예수님을 알기 전 그리고 예수님을 알고서도 상당 기간 내 마음의 상태가 그러했습니다.

무엇이 문제일까요? 수분이 적은 현실이 문제가 아닙니다. 올리브나무는 1년중 절반은 비를 맛보지 못하는 참으로 척박한 기후 속에서 살아갑니다. 비를 맛보기 힘든 것은 비슷한데 올리브나무와 텀블위드가 다르게 사는 이유는 한 가지, 바로 뿌리 때문입니다. 올리브나무가 15년 정도가 지나야 제대로 된 열매를 맺는 이유가 무엇인지 궁금해서 가이드에게 물었습니다. 대답이 가히 충격적이었습니다. 안정적인 수분층에 도달하기 위해 그 여린 뿌리로 석회암층을 뚫고 내려가는데 15년 정도가 걸린다는 것입니다. 보통 과수원에 심은 과일 나무가 20년 안팎으로 수명이 다하는 것을 아는 과수원집 아들인 나는 궁금해서 견딜 수가 없었습니다. "올리브나무의 수명은 대체 몇 년인가요?" 가이드의 대답은 짧았습니다. "천 년입니다." 천 년이라니 놀랍지 않습니까? 예루살렘의 겟세마네 동산에는 지금도 2000년 된 올리브나무가 푸르른 잎사귀 속에 열매를 맺고 있다고 합니다.

크리스천인 우리의 삶도 이와 마찬가지입니다. 우리를 유지하고 자라게 하며, 열매 맺게 하는 삶의 뿌리는 '기도'입니다. 예수님이 말씀하셨습니다. "나는 포도나무요 너희는 가지라 그가 내 안에, 내가 그 안에 거하면 사람이 열매를 많이 맺나니 나를 떠나서는 너희가 아무 것도 할 수 없음이라"(요 15:5).

기도, 그 불편한 진실

나무는 뿌리만큼 큽니다. 남대문 대들보로 쓸 거목이 되는 소나무도 주근을 잘라내고 가는 실뿌리로만 살게 하면 앙증맞은 분재 소나무가 됩니다. 크리스천의 인격과 삶의 질은 그 기도의 질에 따라 결정됩니다. 기도는 우리의 성품과 삶, 성장과 변화, 인격과 사역, 관계와 사역 어디 하나에도 영향을 미치지 않는 곳이 없습니다. 크리스천은 기도로 살고 기도로 일하는 사람입니다. 내가 나 자신과 내 주변, 내가 심긴 세상을 위해 할 수 있는 가장 큰일은 기도입니다.

맞는 말이라고 생각하지만 왠지 씁쓸합니까? 나도 전에는 이런 말을 들을 때마다 답답함과 거부감을 느꼈습니다. 거듭난 크리스천이라면 기도가 중요하다는 걸, 기도가 탯줄과 같다는 걸, 기도가 영적 전투의 보급로라는 걸, 기도가 큰 특권이자 축복이라는 걸 누가 모르겠습니까? 우리가 일하면 우리가 일할 뿐이지만, 우리가 기도하면 하나님이 일하신다는 걸 누가 모르겠습니까?

혼란스럽고 불편한 진실은 그럼에도 많은 크리스천에게 기도는 큰 축복이라기보다 큰 짐이라는 것입니다. 기도를 안 할 수는 없습니다. 그러나 기도하기는 힘듭니다. 기도를 하고 싶지만 잘 되지 않습니다. 기도를 몇 번 해봤지만 아무런 소득이 없습니다. "내 기도하는 그 시간 그때가 가장 귀하다"라는 찬송은 부를 때마다 가슴 안쪽을 켕기게 합니다. 기도는 많은 성도에게 큰 짐이고 숙제인 것이 현실입니다. 크리스천이 경험하는 기도에 대한 불편한 진실을 살펴봅시다.

- 인공호흡기 신드롬: 내 기도는 없고 남들의 기도에 기생 편승한다.

- 거식증 신드롬: 기도하고 싶은 영적 식욕이 없다.
- 조로증 신드롬: 기도가 자라지 않아 형식적 종교인으로 굳어진다.
- 탄탈루스 신드롬: 기도에 대한 갈망은 있으나 기도가 열리지 않아 애만 탄다.
- 따오기 신드롬: 기도가 잡힐 듯 하다가 잡히지 않고 감이 멀다.
- 거북이 신드롬: 성도의 교제를 피해야 할 만큼 기도가 두렵다.
- 숙제 신드롬: 기도를 하기 어려운 숙제처럼 여긴다.
- 분수 신드롬: 기도는 하지만, 내 기도가 하늘 보좌에 이른다는 확신은 없다.
- 공뇌증 신드롬: 이교도의 의식과 별 차이 없는 기도를 열심히 붙든다.
- 사막 신드롬: 기도를 할수록 인격과 성품이 깡마르고 까칠해진다.
- 지니 신드롬: 기도를 할수록 탐욕적, 이기적, 자기중심적 인격과 맹신이 강화된다.
- 바리새 신드롬: 기도가 종교적 열심과 자기 의를 과시하는 방편이 된다.

쉬운 기도 방법은 없는가?

잠시 숨 고르기 차원에서 아주 쉬운 기도 방법 두 가지를 소개합니다. 하나는 '가나다라 기도법'입니다.

어느 날, 방에서 아이가 이상한 말을 중얼거리는 소리가 들렸습니다. 엄마가 조금 열린 문틈으로 보니 아이가 무릎을 꿇고 침대에 온 몸을 기댄 채 기도를 하고 있습니다. 그런데 기도가 상당히 진지하고 꽤 깁니다. 아이가 어떤 기도를 하는지 궁금했습니다. 아이는 같은 말을 반복하고 있었습니다. "가나다라마바사아자차카타파하, 가나다라마바사아자차카타파하…." 줄곧 기다려도 같은 말만 되풀이합니다. 기다리다 지친 엄마가 물었습니다.

"너 뭐하니?"

"기도해요."

"그런데 왜 '가나다라마바사아자차카타파하'라고만 하니?"

"어떻게 기도해야 할지 몰라서요. 하나님 마음대로 뽑아 들으시라고요."

또 하나는 라마교의 기도 방법입니다. 가나다라 기도법보다 더 기가 막힙니다. 라마교 사원에는 예외 없이 '마니차'라는 기도 바퀴(prayer wheel)가 삥 둘러 있습니다. 그 기도 통 안에는 라마교 경전 내용이 기록되어 있습니다. 구태여 입 벌리지 않아도 됩니다. 그저 지나가며 기도 바퀴를 돌리면 됩니다. 한 번 돌릴 때마다 한 번 불경을 읽은 것으로 계산됩니다. 이 기도 바퀴를 돌리며 외우는 '옴마니밧메훔'이라는 여섯 글자가 기도입니다. 기도 바퀴가 한 번 돌 때마다 업이 하나씩 없어지고, 7대 조상에 이르기까지 그 공덕이 미치며, 뱃속의 벌레까지 보살 지위를 얻게 되고, 천재만액이 소멸되며, 생로병사의 고통에서 벗어나게 됩니다. 그들은 그런 믿음을 가지고 기도합니다. 그러니 이 신비한 기도 바퀴를 많이 돌릴수록 죄에서 벗어나고 해탈이 가까우며 축복이 보증된다는데, 그저 손으로 돌리는 정도로 족하겠습니까? 쓰촨성 장족 지역을 여행하다가 기막힌 기도 장치가 작동하는 것을 보았습니다. 흐르는 물의 힘으로 기도 바퀴가 물레방아 돌듯 24시간 돌아갑니다. 자동차 대시보드 위에 기도 바퀴를 붙이고 태양 전지판의 에너지로 쉬지 않고 돌게 만듭니다. 기도 바퀴를 손에 쥐고 딸랑이 돌리듯 돌립니다. 정말 그들은 '쉬지 않고' 기도하는 것입니다.

초신자 시절, 이처럼 쉽게 할 수 있는 기도 방식이 있으면 좋겠다는 생각에 은근한 아쉬움을 느꼈습니다. 그러나 이런 기도는 크리스천 기도와 거리가 멉니다.

크리스천 기도는 일반 종교인의 기도와 다르다

크리스천은 세상 사람과는 다릅니다. 크리스천은 살아 계신 예수님을 그 마음에 모시고 사는 사람입니다. 이것은 상상이나 자기최면이 아닙니다. 예수님은 천지를 지으신 창조주이십니다(요 1:1-3). 예수님은 죄의 노예로 전락한 인류를 죄에서 구하려고 십자가에 죽으시고 다시 사셨습니다. 승천하신 예수님은 오순절 성령으로 이 땅에 오셔서 시간과 공간에 제약을 받지 않는 현존하심으로 그분을 영접하는 사람들 안에 살아 계십니다(갈 2:20). 그러므로 크리스천이 예수님과 연결되어 소통하는 영적 삶을 살려면 이방인과는 다른 기도를 해야 합니다.

크리스천은 다른 사람이기 때문에 그의 기도도 달라야 합니다. 크리스천이 세상 사람들과 같은 기도를 한다면 그들과 다르게 살 수 없습니다. 사람은 그가 하는 기도 이상의 삶을 살 수 없기 때문입니다. 예전에 이방 종교의 지배 아래 살았을 때 했던 기도에다 대상만 예수님으로 갈아 끼운다고 크리스천 기도가 되지 않습니다. 나 중심의 기도, 내가 원하는 것을 얻기 위해 신에게 떼를 쓰고 설득하며, 감동시키려고 애쓰는 기도는 크리스천 기도가 아닙니다. 설령 예수님의 이름으로 했다고 해도 말입니다.

기도가 다 같은 기도지, 크리스천 기도는 뭐가 다르냐고요? 우선 기도의 대상이 다릅니다. 세상 사람들은 잃어버린 하나님 자리를 채우기 위해 사람이 디자인하고 창조한 신들에게 기도하지만, 크리스천은 유일하신 참 하나님, 우리를 지으신 참 신께 기도합니다. 기도의 초점이 다릅니다. 세상 사람들은 자신이 그 기도의 초점이지만, 크리스천은 하나님이 그 기도의 초점입니다. 기도의 동기가 다릅니다. 세상 사람들의 기도는 두려움과 욕심이 그 동기이지만, 크리스천의 기도는 하나님의 은혜와 사랑이 그 동기입니다. 기도의 목적도 다릅니다. 세상 사람들의 기도는 신들을 달래 원하는 것을 받아내는 것이 목적이라면, 크리스천의 기도는 하나님이 원하시는 것에 나를 맞추는 것이 목적입니다. 기도의 근거도 다릅니다. 세상 사람들의 기도는 신에게 바치는 지성과 정성의 분량이 그 근거라면, 크리스천의 기도는 하나님의 사랑과 그분의 약속이 그 근거입니다. 기도의 관계도 다릅니다. 세상 사람들의 기도는 신과의 인격적 관계에 별 의미를 두지 않지만, 크리스천의 기도의 생명은 아버지이신 하나님과의 인격적 관계에 달려 있습니다. 기도의 확신도 다릅니다. 세상 사람들은 자신의 기도가 신에게 접수되었다는 확신을 갖지 못한 채 기도하지만, 크리스천은 하나님이 자신의 기도를 듣고 계심을 확신하며 기도합니다. 기도의 동력도 다릅니다. 세상 사람들은 자신의 노력과 정성으로 기도하지만, 크리스천은 성령의 능력과 중보와 함께 기도합니다(롬 8:26). 기도의 축복도 다릅니다. 세상 사람들은 자신이 원하는 것을 얻으면 축복이라 생각하지만, 크리스천은 기도를 통해 전인적 변화와 회복을 누리는 것이 축복입니다.

해결책: 크리스천 기도

당신에게 기쁜 소식을 들려주고 싶습니다. 기도를 어렵고 막연하게 여기며 두려워할 필요가 없습니다. 하늘 보좌에 즉시 빨려들어 올라가는 기도의 삶을 당신도 누릴 수 있습니다. 빨려들어 올라가는 기도는 과연 무엇일까요?

25년 전, 미국으로 유학 갔을 때 큰 문화충격을 받았습니다. 그중 하나가 은행 시스템이었습니다. 차를 대고 은행에 들어가 번호표를 뽑고 기다리는 시간을 줄이기 위해, 차안에서 은행 거래를 할 수 있게 한 것입니다. 마치 여러 줄의 주유기가 있어 동시에 여러 대의 차가 주유하듯, 은행 창구 직원은 저만치 떨어진 은행 건물 안에 있고 고객은 주유기 같은 기계 옆에 차를 댑니다. 그리고 그 기계에 들어 있는 통을 꺼내 그 통 안에 원하는 거래 내용을 담아 기계에 넣습니다. 이어서 버튼을 누르면, 누르는 순간 그 통은 빨려들어가서 벌써 창구 직원의 손에 들어가 있습니다. 또 창구 직원이 일을 처리한 다음에 영수증이나 현금을 내보낼 때도 동일한 방식으로 보내줍니다. 이렇게 은행 일을 볼 때마다 생각한 것이 있습니다. '내 기도도 저렇게 하늘 보좌로 빨려들어 올라가면 얼마나 좋을까?'

그러나 실제로 기도는 그런 것입니다. 우리 기도가 입에서 나오기도 전에 하나님께로 빨려들어 올라가는 것은 희망 사항이 아닙니다. 그것은 보장 사항이며 약속 사항입니다. 주님이 이렇게 말씀하셨습니다.

> 너는 내게 부르짖으라 내가 네게 응답하겠고 네가 알지 못하는 크고 은밀한 일을 네게 보이리라(렘 33:3).

> 구하라 그리하면 너희에게 주실 것이요 찾으라 그리하면 찾아낼 것이요 문을 두드리라 그리하면 너희에게 열릴 것이니 구하는 이마다 받을 것이요 찾는 이는 찾아낼 것이요 두드리는 이에게는 열릴 것이니라(마 7:7-11).

> 그를 향하여 우리가 가진 바 담대함이 이것이니 그의 뜻대로 무엇을 구하면 들으심이라 우리가 무엇이든지 구하는 바를 들으시는 줄을 안즉 우리가 그에게 구한 그것을 얻은 줄을 또한 아느니라(요일 5:14-15).

주기도, 크리스천에게 합당한 기도

우리는 예수님의 제자로서 우리의 신분에 합당한 기도를 반드시 배워야 합니다. 우리도 예수님께 구해야 합니다. 제자들은 예수님의 삶을 늘 관찰했습니다. 그분의 깊고 능력 있는 삶, 충만한 영성과 인격을 제자들은 감히 흉내조차 내기 어려웠습니다. 제자들은 그것이 예수님의 깊은 기도에서 나왔다는 것을 의심하지 않았습니다. 그래서 예수님께 나와서 이렇게 말합니다. "우리에게도 가르쳐 주옵소서"(눅 11:1). 바른 기도를 배우는 일은 크리스천에게 가장 중요한 레슨입니다. 우리는 바른 기도를 주님이 가르쳐주신 기도에서 배울 수 있습니다. "예수께서 이르시되 너희는 기도할 때에 이렇게 하라"(눅 11:2).

> 하늘에 계신 우리 아버지여
> 이름이 거룩히 여김을 받으시오며
> 나라가 임하시오며
> 뜻이 하늘에서 이루어진 것 같이 땅에서도 이루어지이다
> 오늘 우리에게 일용할 양식을 주시옵고
> 우리가 우리에게 죄 지은 자를 사하여 준 것 같이 우리 죄를 사하여 주시옵고
> 우리를 시험에 들게 하지 마시옵고, 다만 악에서 구하시옵소서
> 나라와 권세와 영광이 아버지께 영원히 있사옵나이다 아멘(마 6:9-13).

예수님은 하나님께로부터 오셨습니다. 하나님이 어떤 기도를 가장 기뻐하시는지를 아시는 분은 바로 예수님이십니다. 예수님은 하나님이 빨아들이듯 들으시는 석션(suction) 기도가 무엇인지 가르쳐주셨습니다.

주기도에 대한 오해

그러나 많은 경우 주께서 가르쳐주신 기도는 목사가 축도를 할 수 없는 경우 예배를 끝내는 신호로 통합니다. "다 같이 주기도문으로 예배를 끝내겠습니다." 가끔은 너무 위태로운 일을 만날 때, 마음을 짓누르는 두려움이 엄습할 때 외우는 기독교판 주문으로 사용되기도 합니다. 주기도문을 가장 흔하게 낭비하는 태도는 라마교도들이 기도 바퀴를 돌리듯, 마음도 인격도 성령의 임재 의식도 실리지 않은 기계적 암송을 자기 기도로 계산하는 일입니다.

주기도가 하나님께 빨려들어 올라가는 기도가 되는 이유

왜 주님이 가르쳐주신 기도가 하나님이 기뻐 받으시는 기도가 됩니까? 첫째, 그 권위 때문입니다. 만왕의 왕이 우리에게 직접 가르쳐주셨기 때문에 가장 정확하고 바른 기도일 수밖에 없습니다. 둘째, 그 대상 때문입니다. 이 기도는 예수님이 자신의 사랑하는 제자들이 바른 영적 삶을 누리며 살도록 친히 가르쳐주신 기도입니다. 셋째, 그 실제성 때문입니다. 주님이 가르쳐주신 기도는 현실 세계를 살아가는 현재의 사람들이 실제적인 삶을 위해 기도해야 할 실제적인 기도입니다. 넷째, 그 유용성 때문입니다. 주기도문은 주 앞에 드려야 할 크리스천 기도의 모델이자 패턴이며, 줄거리이자 골격으로 사용될 수 있습니다. 다섯째, 그 확실성 때문입니다. 주기도는 하나님이 확실히 기쁘게 응답하시는 바른 기도의 핵심 조건과 요소를 다 포함합니다. 여섯째, 그 포괄성 때문입니다. 칼뱅이 말한 대로 이 기도 안에는 우리가 하나님께 구할 모든 것이 다 들어 있습니다. 주기도는 하늘에 속한 것, 땅에 속한 것, 내 안팎의 것, 영적인 것과 육적인 것을 비롯한 삶의 모든 영역을 아우르는 가장 포괄적인 기도입니다. 하나님의 영과 내 영이 교통하는 가장 깊은 기도, 땅 끝까지 내 기도가 확장되는 가장 넓은 기도, 온 우주와 내 삶을 연결하는 가장 큰 기도가 바로 주기도입니다. 일곱째, 그 전수성 때문입니다. 주기도는 특히 영적, 육적으로 어린 다음 세대에게 바른 기도를 가르치기에 가장 적합한 훈련 과정입니다. 여덟째, 그 역사성 때문입니다. 주기도는 지난 2000년 교회 역사상 가장 많이 드려져서 많은 사람을 변화시키고, 가장 많은 역사를 만들어낸 능력의 기도입니다.

주기도로 기도하는 크리스천 기도의 축복

지난 30년 동안 나의 영적 삶을 유지하고 성장하게 해준 가장 강력한 자원은 주께서 가르쳐주신 이 기도였습니다. 오늘 아침에도 주기도는 내 기도의 틀이자 골격이었습니다.

또한 성도들의 기도 생활을 놓고 안타까운 기도를 할 때 주께서 내게 강하게 도전하셨습니다. "왜 그 기도를 너 혼자만 누리느냐?" 그래서 먼저 8주간에 걸쳐 주일학교 교사들에게 분양을 했고, 다음에는 9번에 걸쳐 주일 설교를 통해 온 성도에게 분양을 했습니다. 그런데 주께서 다시 강하게 도전하셨습니다. "왜 너희 교회 성도들에게만 그 기도를 나누느냐?" 그래서 이 책을 쓰게 된 것입니다. 오해하지 마십시오. 제 기도 생활이 완벽하기 때문에 이 책을 쓴 게 결코 아닙니다. 여전히 저는 기도 학교의 학생이며, 더 풍성하고 능력 있는 기도를 배우기 위해 도전하며 시행착오를 겪고 있습니다. 그럴지라도 제 경험을 중심으로 크리스천 기도의 축복을 잠시 정리해보겠습니다.

첫 번째 축복은 확신(Confidence)입니다. 주기도는 우리로 하여금 하나님의 뜻에 한 방향으로 정렬된 바른 기도를 하도록 이끌어줍니다. 주님이 기뻐하실 바른 내용과 동기, 목적과 태도로 기도하는 적중(명중) 기도를 하고 있다는 확신 속에 기도할 수 있게 해줍니다. 마치 내 기도가 말씀에 엮여 하늘로 빨려들어 올라가는 것 같을 때가 많습니다. 크리스천 기도를 통해 주님과 동행하는 영적 확신과 자존감을 유지할 수 있습니다.

두 번째 축복은 효과(Effectiveness)입니다. 크리스천 기도로 나는 1분도 100분도 기도할 수 있습니다. 어린아이와 목회자가 모두 할 수 있는 바른 기도의 신축성과 유연성을 제공합니다. 변함없는 주기도의 틀에 오늘 나의 개인적, 현재적 상황을 살로 채울 수 있어 실제적이고 그 날, 그 상황, 그 순간의 필요를 기도로 변환하는 적용성이 큽니다. 또한 주기도의 골격을 타고 계속 넓어지고 커지는 기도의 확장을 경험할 수 있습니다.

세 번째 축복은 성장(Growth)입니다. 크리스천 기도를 통해 우리의 기도는 수신제가치국평천하(修身齊家治國平天下)로 이어지는 지경의 확장을 이룹니다. 깊은 내면 의식을 변화되게 하는 기도의 깊이를 성장시킬 수 있습니다. 예수 그리스도의 은혜와 하나님의 사랑과 성령의 교통을 배우는 기도의 높이도 커집니다. 전 인격과 삶의 영역을 아우르는 기도 크기의 성장이 이루어집니다.

네 번째 축복은 능력(Power)입니다. 우리는 크리스천 기도를 통해 성령의 능력으로 사는 삶을 배웠습니다. 마귀와 죄의 유혹에 저항할 능력을 얻습니다. 하나님과 그분의 임재에 대한 집중력도 얻습니다. 하나님 말씀에 순종할 힘을 얻습니다.

다섯 번째 축복은 학습(Learning)입니다. 크리스천 기도는 나에게 가장 정확한 기도를 가장 정확하게 배우는 방법이 되었습니다. 또한 형제에게 바른 기도를 가르쳐주는 좋은 방법이기도 합니다. 다음 세대에게 기도로 하나님과 동행하는 법을 가르쳐주는 것이 최대의 유산이라면, 크리스천 기도야말로 이들에게 줄 최대의 축복입니다. 크리스천 기도는 내게 절대 감사, 절대 겸손, 절대 순종을 배우는 은혜의 학교가 되었습니다.

크리스천 기도란?

크리스천 기도란 예수님이 가르쳐주신 기도인 주기도를 내 기도로, 내 기도를 주기도로 변환하는 기도입니다. 이것이 어떻게 가능할까요? 직조(織造)의 비유로 설명하면 쉽게 이해할 수 있습니다. 모든 직물은 날줄에 씨줄을 얽음으로써 직조됩니다. 우선 세로줄이 있어야 합니다. 세로줄을 우리는 날줄이라고 부릅니다. 이 날줄을 단단히 틀에 걸어놓은 다음 북 안에다 씨줄을 감아서 날줄의 위 아래로 교차하면서 매기면 직물이 만들어지는 것입니다. 크리스천 기도란 예수님이 가르쳐주신 기도를 날줄로 삼고 오늘 내 삶의 필요와 상황을 씨줄로 삼아 기도의 카펫을 짜는 것입니다. 직조물의 크기나 생김, 강도는 날줄에 따라 결정됩니다. 그러나 직조물의 색깔이나 질감은 씨줄에 의해 결정됩니다. 주기도는 내 기도의 기본 골격이 되고 그 골조 위에 내 실제 상황을 엮어 기도를 짜 가는 것이 크리스천 기도입니다.

크리스천 기도의 날줄 만들기

기도 베틀의 날줄로 사용하려면 주기도의 표현을 내 기도의 표현으로 바꿔야 합니다.

기도의 베틀에 이 날줄들을 확실히 걸지 않으면 카펫은 제대로 짜일 수 없습니다. 그래서 나는 날줄기도 16구절을 노래로 만들어 부릅니다. 집중하여 부르다보면 기억하기 쉬워서 도움이 됩니다. 나는 이것을 '크리스천 기도송'이라 부릅니다.

아마 이것도 40년이 넘게 다음 세대 사역을 하다 보니 생긴 직업병인 것 같습니다. 지금도 '이렇게 배워도 곧 잊어버리게 될 것이다'라는 확신이 있습니다. 그래서 노래와 더불어 손동작도 만들었습니다.

주기도	날줄기도
하늘에 계신 우리 아버지여	아버지를 사랑합니다. 아버지께 감사합니다.
이름이 거룩히 여김을 받으시오며	나를 주께 드립니다. 주께 영광되길 원해요.
나라가 임하시오며	예수님은 왕이십니다. 주님, 나를 다스리소서.
뜻이 하늘에서 이루어진 것 같이 땅에서도 이루어지이다	주님 뜻이 이루어지길. 주님 뜻을 이뤄드리길.
오늘 우리에게 일용할 양식을 주시옵고	하늘 복을 주옵소서. 땅의 복을 주옵소서.
우리가 우리에게 죄 지은 자를 사하여 준 것 같이 우리 죄를 사하여 주시옵고	용서하여 주옵소서. 용서하게 하옵소서.
우리를 시험에 들게 하지 마시옵고 다만 악에서 구하시옵소서	나를 지켜주옵소서. 나를 건져주옵소서.
나라와 권세와 영광이 아버지께 영원히 있사옵나이다 아멘	아버지를 높입니다. 아버지를 믿습니다.

크리스천 기도송을 더 잘 기억함으로 기도의 날줄을 확실하게 붙잡고 기도하게 하기 위한 방책입니다. 이것은 남들을 위해서 만든 것이 아니고, 나 자신이 기도에 집중하고 기도의 갈피와 맥을 잃지 않기 위해 매일 사용하는 기도 동작입니다. 나는 이것을 '크리스천 기도손'이라 부릅니다.

크리스천 기도의 씨줄 만들기

이제 날줄에 먹일 씨줄을 만들 차례입니다. 쉽게 끊어지지 않는 씨줄을 만들기 위해 나는 씨줄을 세 겹줄로 엮는 일에 마음을 썼습니다. 그 세 겹줄의 첫 번째 실은 객관적인 실로 '하나님의 말씀'입니다. 하나님의 말씀에 내 상황과 필요를 엮을 때 더 담대한 확신을 갖고 간구할 수 있기 때문입니다. 이 상황과 비슷하거나, 이 상황에 관련시킬 수 있는 하나님의 말씀을 붙듭니다. 두 번째 실은 주관적인 실로 '개인적, 현재적, 실제적 상황과 필요'입니다. 우리는 무엇이든 아버지께 구할 수 있습니다. 내가 정해둔 틀에 매이지 말고 무엇이든 구해야 합니다. 세 번째 실은 영적인 실로 '성령의 인도와 은혜'입니다.

> 이와 같이 성령도 우리의 연약함을 도우시나니 우리는 마땅히 기도할 바를 알지 못하나 오직 성령이 말할 수 없는 탄식으로 우리를 위하여 친히 간구하시느니라(롬 8:26).

마지막으로 이 세 겹줄이 들어갈 북은 '기도자의 태도와 자세를 갖추는 것'입니다. 주께서 말씀하십니다.

> 아무것도 염려하지 말고 다만 모든 일에 기도와 간구로, 너희 구할 것을 감사함으로 하나님께 아뢰라(빌 4:6).

기도에 있어서도 세 겹줄은 쉽게 끊어지지 않습니다.
다음 장부터 예수님이 가르쳐주신 주기도를 내 기도로 변환하는 방법을 살펴볼 것입니다. 각각의 기도 문구를 두고 앞부분에서는 그 의미를 정확히 알도록 설명하고, 뒷부분에서는 그 기도를 어떻게 실제적인 내 기도로 변환하는지 살펴볼 것입니다.

크리스천 기도송

외국곡 | 양승헌 작사

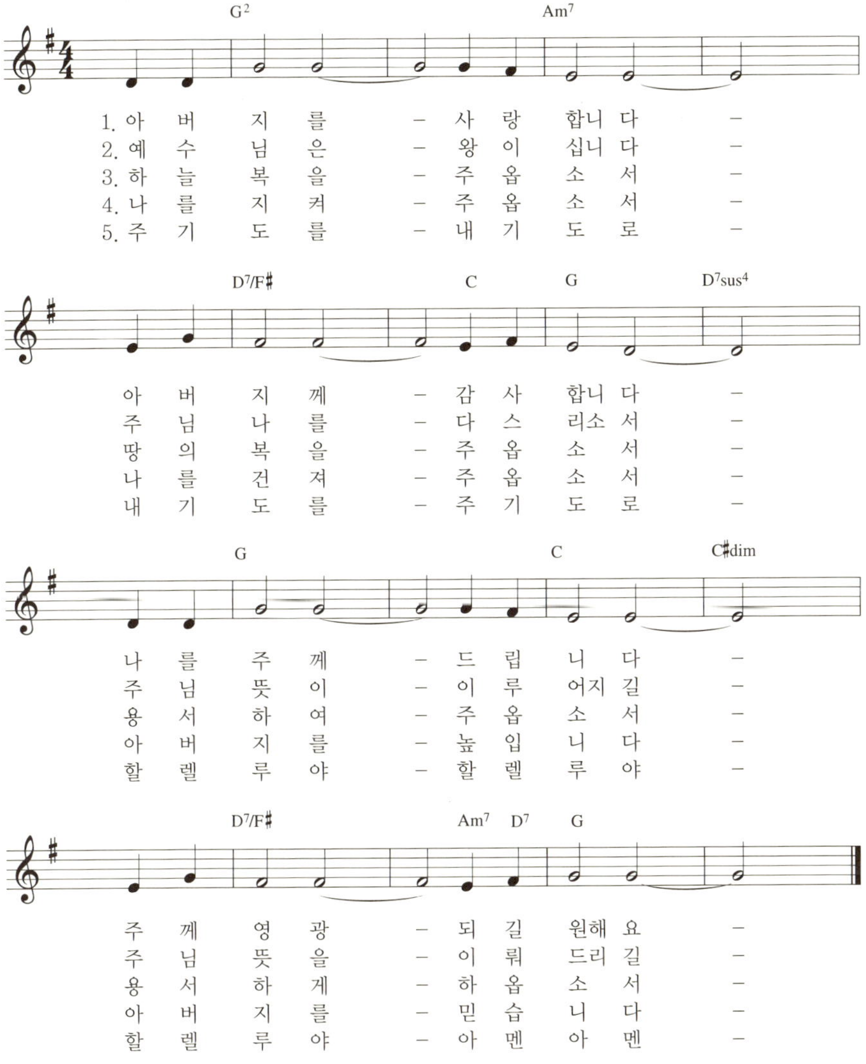

1. 아버지를 – 사랑합니다 –
2. 예수님은 – 왕이십니다 –
3. 하늘 복을 – 주옵소서 –
4. 나를 지켜 – 주옵소서 –
5. 주기도를 – 내 기도로 –

아버지께 – 감사합니다 –
주님 나를 – 다스리소서 –
땅의 복을 – 주옵소서 –
나를 건져 – 주옵소서 –
내 기도를 – 주 기도로 –

나를 주께 – 드립니다 –
주님 뜻이 – 이루어지길 –
용서하여 – 주옵소서 –
아버지를 – 높입니다 –
할렐루야 – 할렐루야 –

주께 영광 – 되길 원해요 –
주님 뜻을 – 이뤄드리길 –
용서하게 – 하옵소서 –
아버지를 – 믿습니다 –
할렐루야 – 아멘 아멘 –

찬양과 손동작 영상
스마트폰으로 QR코드를 찍어주세요.

크리스천 기도손

하늘에 계신 우리 아버지여
아버지를 사랑합니다. 아버지께 감사합니다.

전능하신 하늘의 창조주가 약하고 작은 나를 사랑하는 아버지가 되심을 생각하며, 왼손 바닥의 힘과 체온이 오른손 바닥의 힘과 체온을 마주 느끼도록 왼손은 위에서, 오른손은 밑에서 단단히 맞잡는다.

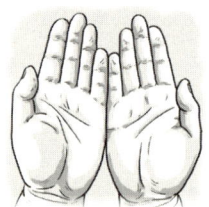

이름이 거룩히 여김을 받으시오며
나를 주께 드립니다. 주께 영광되길 원해요.

하나님의 은혜에 감사해서 나를 드리는 마음과 이 땅에서 하나님의 영광을 반사하는 거울처럼 살기 원하는 마음으로 두 손바닥이 위로 향하도록 쫙 편다.

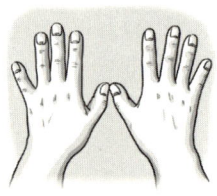

나라가 임하시오며
예수님은 왕이십니다. 주님, 나를 다스리소서.

예수님의 손에 하늘과 땅의 만물, 만사가 다 매달려 있음을 상상하며 줄인형을 조종하는 막대처럼 손바닥이 아래로 향하게 하고, 예수님의 다스림이 내 영혼 깊은 곳에서부터 온 세상 땅 끝까지 확장되는 상상을 하며 손가락을 넓게 벌린다.

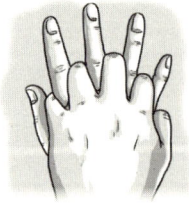

뜻이 하늘에서 이루어진 것 같이 땅에서도 이루어지이다
주님 뜻이 이루어지길. 주님 뜻을 이뤄드리길.

주님의 뜻에 내 뜻을 굴복시키고 주님의 뜻이 나를 통해 이루어지기를 원하는 마음으로 아래를 향해 쫙 편 오른손 위에 왼손을 덮는다.

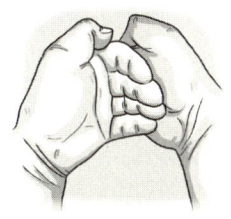

오늘 우리에게 일용할 양식을 주시옵고
하늘 복을 주옵소서. 땅의 복을 주옵소서.

하나님이 내 영과 육의 필요를 채우지 않으시면 나는 살 수 없는 존재임을 겸손히 표현하는 '주세요 손'을 만들되, 땅의 복을 상징하는 오른손 위에 하늘의 복을 상징하는 왼손을 올려놓는다.

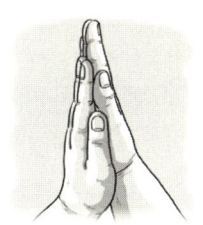

우리가 우리에게 죄 지은 자를 사하여 준 것 같이 우리 죄를 사하여 주시옵고
용서하여 주옵소서. 용서하게 하옵소서.

왼손은 내가 하나님께 잘못한 것에 용서를 빌고, 오른손은 나에게 잘못한 사람을 용서할 수 있는 용기와 사랑을 주시기를 빌며, 두 손바닥을 위아래로 움직인다.

우리를 시험에 들게 하지 마시옵고 다만 악에서 구하시옵소서
나를 지켜주옵소서. 나를 건져주옵소서.

하나님의 완벽한 보호막, 요새, 철통 같은 벙커 안에 있는 나를 상상하며 양손을 깍지 끼고 양손의 손목 방향 손끝을 꽉 죄어 잡는다.

나라와 권세와 영광이 아버지께 영원히 있사옵나이다 아멘
아버지를 높입니다. 아버지를 믿습니다.

만물을 만들고 통치하는 영원한 왕이신 하나님 아버지의 손을 상상하며 왼손을 주먹쥐고, 내 기도가 그분의 전능한 손과 내 열악한 현실을 연결하는 통로가 됨을 확신하는 마음으로 오른손으로 왼손 엄지를 꽉 움켜잡는다.

2

하늘에 계신 우리 아버지여

자, 이제 숨을 깊이 들이 쉰 다음 주기도를 단숨에 읽어보십시오.

하늘에 계신 우리 아버지여 이름이 거룩히 여김을 받으시오며 나라가 임하시오며 뜻이 하늘에서 이루어진 것 같이 땅에서도 이루어지이다 오늘 우리에게 일용할 양식을 주시옵고 우리가 우리에게 죄 지은 자를 사하여 준 것 같이 우리 죄를 사하여 주시옵고 우리를 시험에 들게 하지 마시옵고 다만 악에서 구하시옵소서 나라와 권세와 영광이 아버지께 영원히 있사옵나이다 아멘.

이것이 내가 자주 했던 일입니다. 신앙생활 초기에 주기도문은 내게 이런 식으로 의미 없이 외워버리는 암송문일 뿐이었습니다. 나는 영광스러운 이 기도를 그처럼 하찮게 낭비하고 있었습니다. 그러나 어느 날 이 기도가 하늘만큼 높고 땅 끝만큼 넓으며, 바다보다도 깊은 엄청난 기도라는 것을 인식하게 되었습니다. 지난 30년 동안 주기도는 내 삶을 이끌어가는 실제적인 동력원으로 작동하고 있습니다. 주기도는 내 기도의 내용이자 모델일 뿐만 아니라 틀이 되어주었습니다. 주기도를 내 기도로, 내 기도를 주기도로 바꾸어 기도하며 나는 이것을 크리스천 기도라고 부르게 되었습니다. 그러나 이 크리스천 기도는 나뿐만 아니라 모든 크리스천의 기도 방식이 되어야 한다는 확신을 가지고 여러 사람에게 분양을 해왔고, 이제 당신에게도 이 기도를 분양하려고 합니다.

이렇게 주기도를 내 기도로 만들고 내 기도를 주기도로 만들기 위해서는 주기도의 구조를 알아야 합니다. 주기도는 방금 전에 단숨에 읽은 것처럼 처음부터 끝까지 이어진 게 아닙니다. 주기도는 아주 분명한 구조를 갖고 있습니다. 나는 이것을 고기를 두 개나 넣은 더블버거(Double Burger)에 비유합니다. 맨 앞의 "하늘에 계신 우리 아버지여"와 맨 끝의 "나라와 권세와 영광이 아버지께 영원히 있사옵나이다"라는 하나님을 찬양하는 부분은 햄버거의 위아래를 덮은 부드러운 빵 두 개와 비슷합니다. 이처럼 위아래의 빵 사이에 고기가 두 개 들어가 있듯, 위로는 하나님을 향한 세 가지 기도가 있고, 아래로는 우리를 향한 세 가지 기도가 있습니다.

이 구조는 우리에게 대단히 중요한 메시지를 줍니다. 바로 우리가 드리는 기도는 내게 필요한 것을 얻어내는 청구 행위가 아니라는 메시지입니다. 우리 기도의 목적과 초점이 하나님의 영광과 그분의 나라와 그분의 뜻이 이루어지기 원하는 데 있어야 함을 가르쳐주는 것입니다. 왠지 손해 보는 느낌인가요? 아닙니다. 하나님의 이름을 높이고 그분의 나라를 세우며, 그분의 뜻을 이루기 위한 기도의 초점이 분명할 때 우리는 더욱 당당하게 이 땅에서 필요한 일용할 양식과 죄 용서, 보호하심을 요청할 수 있습니다.

이러한 구조 자체가 이미 크리스천 기도가 이방인들의 기도와 다르다는 것을 보여줍니다. 1장에서 정리한 것처럼 이방 종교의 기도 목적은 내가 원하는 것을 초월자로부터 얻어내는 데 있습니다. 크리스천 기도의 초점은 하나님이 원하시는 것을 이루어드리는 데 있습니다. 이방 종교의 기도는 신을 설득하고 조종합니다. 그러나 크리스천 기도는 하나님을 설득하거나 보채고 떼써서 하나님의 마음을 조종하는 것도 아닙니다. 하나님의 마음을 얻기 위해 아첨을 떠는 것이 아닙니다. 오히려 그 반대입니다. 하나님께 나를 맞추는 것입니다. 우리는 필요에 대한 분명한 목적을 갖고 기도하기 때문에 담대하게 주 앞에 간구할 수 있는 것입니다.

"하늘에 계신 우리 아버지여"

이 주기도의 첫 마디는 매우 중요한 영적 진리를 우리에게 선포합니다. 크리스천 기도의 초점은 정성에 있지 않습니다. 정성이 기도 응답의 보증이 되지 않습니다. 힘 있고 바르며 확신 있는 기도는 기도의 양과는 관련이 없습니다. 바른 기도의 초점은 바른 대상에 있습니다. 당신이 밤새워 금식하며 큰 바위 앞에서 40일 동안 기도한다고 해서 바위가 그 성의에 감동하여 응답하겠습니까? 지성이면 감천이라는 말은 크리스천 기도와는 그다지 관계가 없는 말입니다. 크리스천 기도의 초점은 온 우주 만물을 만드신 창조주 하나님, 우리 아버지께 있습니다. 기도에서 가장 중요한 것은 그 대상입니다. 그래서 예수님은 기도의 첫 마디를 "하늘에 계신 우리 아버지여"로 시작하라고 말씀하신 것입니다.

예수님은 하늘에 계신 아버지께 기도하라고 말씀하셨습니다. 그게 당연한 말이라고 생각합니까? 그렇지 않습니다. 결코 당연하지 않습니다. 우리가 당연하게 생각하는 이 호칭이 유대인들에게는 돌에 맞아 죽을 죄목이었습니다. 하나님을 아버지라고 부르는 것은 목숨 걸고 내뱉어야 할 말이었습니다. 예수님은 우리에게 말씀하십니다. "하나님은 아버지시다. 아버지이신 하나님께 기도하라." 당시 제자들에게 이것은 돌에 맞아 죽을 각오를 하고 불러야 할 혁명적인 호칭이었습니다.

로마 사람들의 기도 대상인 신들은 어떤 존재였습니까? 로마 황제처럼 잔인하고 포악한 공포의 대상이었습니다. 그 신의 비위를 잘못 맞추었다가는 언제 어디서 재액(災厄)을 당할지 모릅니다. 그래서 신들의 비위를 맞춰야 하고 아첨을 떨어야 했습니다. 그리스 사람들의 기도 대상인 신들은 어떤 존재였습니까? 인간들을 가지고 노는 악한 신들이었습니다.

유대인들의 기도 대상인 하나님은 어떤 존재였습니까? 너무 멀고 두려운 하나님이었습니다. 1년에 단 한 차례, 대제사장이나 피를 가지고 들어가서 만나 뵈어야 할 거룩한 존재였습니다. 서기관이 성경을 필사하다가도 하나님의 이름이 나오면 가서 목욕을 하고 새 붓을 가지고 와서 써야 했던 두려운 하나님이었습니다. 심지어 그 이름을 발음하는 법까지 잊어버린 두려운 존재였습니다.

오늘날 세상 사람들은 자신들이 기도하는 신을 어떻게 생각합니까? 그들은 비위를 잘 맞추고 구워삶아야 주머니를 여는 인색한 존재로 신을 인식합니다. 있는지 없는지도 확실치 않은 막연한 신입니다. 예수님은 우리에게 말씀하십니다. "오해하지 마라. 하나님은 그런 신이 아니시다."

자녀는 아빠가 있는 곳에 언제든지 들어갈 수 있습니다. 면담 예약이나 비서의 일정 조정 없이 대기업 회장의 집무실에 들어갈 수 있는 사람이 있다면 그 회장의 자녀일 것입니다. 이처럼 온 우주를 지으신 하나님이 우리의 아버지십니다. 그래서 우리는 그분의 보좌 앞에 담대히 나갈 수 있습니다. "그러므로 우리는 긍휼하심을 받고 때를 따라 돕는 은혜를 얻기 위하여 은혜의 보좌 앞에 담대히 나아갈 것이니라"(히 4:16).

아버지는 그 자녀를 기뻐합니다. 모든 아버지에게 이 세상의 딸들 중에 누구 딸이 제일 예쁜지, 이 세상의 아들들 중에 누구 아들이 가장 잘생겼는지 물어보십시오. 아버지에게 그 자녀는 절대 가치입니다. 누구와도 비교할 수 없는 가치를 지닌 자녀를 향해 모든 아빠는 기뻐합니다. 나는 하나님께 나아갈 때마다 나를 보고 기뻐하시는 하나님의 표정을 상상하며 나아갑니다. 그걸 어떻게 아냐고요? 그것은 주관적인 느낌과 상상일 뿐이라고요? 아닙니다. 주께서 말씀하셨습니다.

> 너의 하나님 여호와가 너의 가운데에 계시니 그는 구원을 베푸실 전능자이시라 그가 너로 말미암아 기쁨을 이기지 못하시며 너를 잠잠히 사랑하시며 너로 말미암아 즐거이 부르며 기뻐하시리라 하리라(습 3:17).

하나님은 우리에게 가장 좋은 것 주기를 기뻐하는 아빠이십니다. 아버지는 자기 자녀에게 무엇이든지 최상의 것을 주고 싶어 합니다. 자식을 위해서라면 집도 팔 수 있고 장기라도 이식할 수 있으며, 대신 죽을 수도 있습니다. 이것이 불완전한 이 땅의 아버지에게도 있는 마음입니다. 우리를 기뻐하시는 하나님은 우리에게 가장 좋은 것을 주십니다. 예수님은 이렇게 말씀하셨습니다.

> 너희 중에 누가 아들이 떡을 달라 하는데 돌을 주며 생선을 달라 하는데 뱀을 줄 사람이 있겠느냐 너희가 악한 자라도 좋은 것으로 자식에게 줄 줄 알거든 하물며 하늘에 계신 너희 아버지께서 구하는 자에게 좋은 것으로 주시지 않겠느냐(마 7:9-11).

하나님은 우리의 기도 소리에 귀를 기울이는 아빠이십니다. 많은 성도가 '하나님이 나 같이 믿음이 어린 사람의 기도를 들으실까?'라고 생각합니다. 그러나 이것은 큰 오해입니다. 아버지는 스무 살짜리 아들의 논리적인 말이나 세 살짜리 늦둥이 딸의 옹알대는 말에 똑같이 귀를 기울입니다. 오히려 늦

둥이 딸의 말에 더 귀를 기울입니다. 하나님도 그렇습니다. 우리가 기도할 수 있는 근거도, 내가 기도할 때 하나님이 들으실 거라는 확신의 근거도 그분이 우리 아빠라는 사실에 있습니다.

불행하게도 나는 아버지를 향해 한 번도 아빠라고 불러보지 못한 세대의 사람입니다. 그래서 지금도 하나님을 향해 아빠라고 부르는 일이 얼마나 겸연쩍고 어색한지 모릅니다. 그래도 나는 하나님이 나를 사랑하시고 기뻐하시며, 내 입에서 나오는 기도를 들으시려고 귀 기울이시는 아버지시라는 사실을 가슴으로 믿습니다. 우리가 기도하는 이유, 기도할 때 하나님이 들으실 거라 확신하는 이유는 하나님이 우리 아빠이시기 때문입니다.

그러나 그것이 이야기의 끝이 아닙니다. 하나님은 하늘에 계신 분입니다. 하늘에 계신다는 말은 로켓을 타고 대기권을 뚫고 나가면 마주할 수 있는 우주의 한 공간에 계신다는 뜻이 아닙니다. 이 말은 하나님의 권능을 표현한 것입니다. 우리 하나님은 온 우주를 만드신 창조주 하나님이십니다. 그 하나님이 해를 지으셨고 시간과 공간을 만드셨으며, 우리를 창조하셨습니다. 어머니의 모태에서 전 세계에 단 하나밖에 없는 작품으로 우리를 빚으신 분이 바로 하나님이십니다. 그 하나님은 유일한 참 하나님이십니다. 중동에는 알라가 있고, 인도에는 시바가 있고, 일본에는 800만이 넘는 카미사마들이 있듯이 이스라엘에는 여호와가 있는데, 우리는 그 이스라엘의 하나님을 수입해서 믿는 게 아닙니다. 우리가 찬양하고 기도하는 하나님은 상천하지(上天下地)에 오직 한 분이신 하나님이십니다. 신명기 6장 4절은 "우리 하나님 여호와는 오직 유일한 여호와이시니"라고 말씀합니다. 이사야서 46장 9절은 말씀합니다. "나는 하나님이라 나 외에 다른 이가 없느니라 나는 하나님이라 나 같은 이가 없느니라."

이 세상에는 오직 두 종류의 신만이 존재합니다. 바로 인간이 만든 신과 인간을 만드신 하나님입니다. 인간이 만든 신은 수없이 많습니다. 하나님은 인간이 영혼의 빈 공간을 채우기 위해 만들어 낸 신들 가운데 한 분이 아닙니다. 하나님은 우리를 디자인하신 유일한 하나님이십니다. 그 하나님은 감히 우리가 상종하기에는 너무나 거룩하시고 위대하시며 전능하신 하나님입니다. 역대상 29장 11-12절에서 다윗은 이렇게 고백합니다.

> 여호와여 위대하심과 권능과 영광과 승리와 위엄이 다 주께 속하였사오니 천지에 있는 것이 다 주의 것이로소이다 여호와여 주권도 주께 속하였사오니 주는 높으사 만물의 머리이심이니이다 부와 귀가 주께로 말미암고 또 주는 만물의 주재가 되사 손에 권세와 능력이 있사오니 모든 사람을 크게 하심과 강하게 하심이 주의 손에 있나이다.

히브리서 12장 29절은 "우리 하나님은 소멸하는 불이심이라"고 말합니다. 우리가 잘못하면 우리를 불로 징계하실 수도 있는 하나님입니다. 이스라엘의 1세대를 다 광야에서 엎드러져 죽게 할 만큼 엄위하신 하나님입니다. 그 백성의 죄된 삶을 그냥 내버려두지 않으시고 예루살렘이 초토화되도록 징벌하시는 두려운 하나님입니다. 그런데 우리가 이 크신 하나님, 하늘에 계신 하나님에 대한 믿음을 갖지 않는다면 우리는 기도할 필요가 없습니다. 그분이 전능자가 아니시라면, 그분이 모든 것의 주인이 아니시라면 우리는 기도할 필요가 없습니다.

자비로우신 아빠 그러나 공의로우신 하나님의 두 성품에 대한 균형 잡힌 믿음이 필요합니다. 하나님이 하늘에 계신 하나님으로만 인식될 경우, 한 평생 하나님과 정을 나누지 못하는 종교인으로 남게 됩니다. 유대인들이 그렇습니다. 그렇게 되면 사랑과 친밀감을 누리는 자녀가 아니라 두려운 하나님 앞에서 죄인으로만 남게 됩니다. 반대로 하늘에 계시는 하나님은 사라지고 자애로운 아빠로만 인식될 경우, 우리는 한평생 유치하고 피상적인 영적 지진아로 남게 됩니다. "하늘에 계신 우리 아버지", 우리와 상종할 수 없을 만큼 크시면서도 이 작은 나를 안아주는 분이라는 두 개념이 균형 있게 인식되어야 합니다. 담대함과 동시에 두려움으로, 두려움과 동시에 담대함으로 우리는 하나님께 나가야 합니다.

"하늘에 계신 우리 아버지여"라는 말은 단순히 기도의 시작이 아닙니다. 이 첫 마디는 우리 기도의 시작일 뿐만 아니라 우리 기도의 근거가 됩니다. 우리가 기도할 수 있는 이유는 그분이 전능의 하나님이면서 동시에 나를 사랑하는 아버지이시기 때문입니다. 이 첫마디는 우리 기도에 확신을 줍니다. 아버지이시기 때문에 주고 싶어 하시고 하나님이시기 때문에 주실 수 있습니다. 나를 낳아주신 내 아버지는 주고 싶었지만 능력이 안 되서 못 주셨습니다. 옆집 아저씨는 줄 능력은 있었지만 내 아버지가 아니기 때문에 주지 않았습니다. 우리 하나님은 주실 능력도, 주고 싶은 뜨거운 사랑도 있으시기 때문에 우리는 기도할 수 있고, 우리가 기도할 때 들으신다는 확신을 갖고 주 앞에 나아갈 수 있는 것입니다.

"하늘에 계신 우리 아버지여"라는 말은 무엇보다 우리 기도의 태도를 결정해줍니다. 하나님께 나올 때, 경망스럽게 귀신의 비위를 맞추는 마음으로 나와서는 안 됩니다. 이것은 하나님을 욕되게 하는 것입니다. 하나님 앞에 두려움으로 나오십시오. 그분은 전능의 왕이십니다. 하나님 앞에 담대함으로 나오십시오. 우리는 그분의 자녀입니다. 사랑과 감사와 경외함으로 그분의 이름을 부르십시오.

그러나 이 기도에 배타성이 있음을 말하지 않을 수 없습니다. 아무나 이렇게 기도할 수 있는 게 아닙니다. 하늘의 전능하신 하나님을 향해 아버지라고 부를 수 없는 사람에게 이 주기도의 축복은 아무런 상관이 없습니다. 크리스천 기도는 배타적인 기도입니다. 제한된 사람들만의 특권입니다. 예수님이 설정해 놓으신 배타성입니다. 이 기도는 하나님을 아버지라고 부르는 사람들만의 특권입니다. 요한복음 1장 12절은 "영접하는 자 곧 그 이름을 믿는 자들에게는 하나님의 자녀가 되는 권세를 주셨으니"라고 약속합니다. 이 기도의 축복을 누리는 사람이 되려면 먼저 예수님을 나의 구세주와 주님으로 영접함으로써 하나님의 자녀가 되어야 합니다. 하나님의 자녀만이 그분의 보좌 앞에 언제라도 나아갈 수 있습니다. 혹시 아직 예수님과 관계가 없는 사람으로 이 책을 읽고 있다면 이 시간이야말로 하나님이 당신을 부르시는 음성에 응답할 수 있는 가장 좋은 기회입니다. 당신이 예수님을 한 번도 나의 구세주와 주인으로 인정한 적이 없다면, 지금 그 예수님 앞에 '나의'라고 할 수 있는 인격적 관계를 오늘 시작해보면 어떨까요? 조용히 주님께 말씀드리십시오. "예수님을 나의 구세주와 주님으로 모시고 살겠습니다."

하나님 앞에 나아가는 특권에 대해 생각할 때마다 오래전에 만났던 한 할아버지가 떠오릅니다. 할아버지 할머니 두 분이 사시는 집에 들어섰을 때, 나는 깜짝 놀랐습니다. 집 안의 모든 벽이 온통 흑백 사진으로 가득했기 때문입니다. 자세히 보니 모두 이승만 대통령과 함께 찍은 것이었습니다. 할아버지는 이승만 대통령의 비서를 지낸 것에 대해 대단한 자부심이 있었습니다. 대통령과의 추억 이야기에 귀 기울여 들어주는 내가 고마우셨는지, 주머니에서 열쇠 하나를 꺼내 문갑을 열고 깊이 보관하던 보물을 보여주셨습니다. 싸고 또 싼 포장 속에서 나온 것은 고작 명함 한 장뿐이었습니다. 그분이 생명처럼 보관하고 있던 그 명함에는 이승만 대통령의 친필로 무시허입(無時許入)이라는 글귀가 적혀 있었습니다. '언제라도 들어올 것을 허락한다. 아무 때나 너는 내 앞에 나올 수 있다.' 언제든 대통령 앞에 나가는 특권이 있었던 것을 얼마나 큰 축복과 영광으로 여기셨는지 모릅니다. 우리는 어떻습니까? 우리에게도 살아 계신 하나님이 부여하신 무시허입의 특권이 있습니다. 이제 그 특권을 사용하십시오.

> 주기도를
> 내 기도로
> 변환하기

"하늘에 계신 우리 아버지여"

1단계 전능하신 하늘의 창조주가 약하고 작은 나를 사랑하는 아버지가 되심을 생각하며, 왼손 바닥의 힘과 체온이 오른손 바닥의 힘과 체온을 마주 느끼도록 왼손은 위에서, 오른손은 밑에서 단단히 맞잡아 보십시오. 그리고 "하늘에 계신 우리 아버지여"라고 불러보십시오.

잘하셨습니다. 그것만으로도 훌륭한 기도입니다. 그러나 한 발자국 더 나아가야 합니다. 이제 2단계로 가십시오.

2단계 두 손을 잡은 채, 눈을 감고 날줄기도를 고백하십시오. "아버지를 사랑합니다. 아버지께 감사합니다."

훌륭합니다. 이제 당신의 기도는 제대로 된 틀을 갖추기 시작하였습니다. 그러나 당신의 기도답게 좀 더 살이 붙기를 바란다면 이제 3단계로 가십시오.

3단계 두 손을 잡은 채, 눈을 감고, 두 개의 날줄기도에 간단한 씨줄기도를 엮어보십시오. "아버지를 사랑합니다. 왜냐하면…", "아버지께 감사합니다. 왜냐하면…"

일단 정지! 잠시 책을 내려놓으십시오. 지금은 주기도를 내 기도로 변환하는 연습을 하는 시간입니다. 짧고 간단하게라도 자신만의 기도 카펫을 짜보십시오.

2. 하늘에 계신 우리 아버지여 **47**

보십시오, 당신도 기도할 수 있지 않습니까? 주기도가 당신의 기도로 변환되고 있습니다. 짧은 시간에 당신은 크리스천 기도의 기본형을 배운 것입니다. 이 기본형이 몸에 익을 때까지 4단계는 접어두십시오. 3단계가 익숙해졌을 때 4단계에 도전해보십시오.

4단계 주기도의 날줄기도에 당신의 씨줄기도를 더 풍성하고 실제적으로 결합하는 연습을 하십시오. 하나님이 지금 이 시점에서 당신에게 어떤 분이신지 고백하고, 하나님이 당신에게 하신 일들을 구체적으로 고백하며 감사하십시오. 당신의 말로 기도를 적으십시오. 글씨로 쓸 때 집중력이 높아지고 생각도 더 명확하게 정리됩니다.

"아버지를 사랑합니다. 아버지께 감사합니다."

1 기본적이고 일반적인 찬양

- 하나님만이 참된 하나님이심을 인해(신 6:4, 사 46:9)

- 내게 베푸신 하나님의 위대한 사랑을 인해(요 3:16, 롬 5:8)

○ 하나님이 나를 자녀 삼아 주심을 인해(요 1:12)

● 생각나는 성경 구절이나 성경 이야기

○ 떠오르는 찬송이나 찬양

2 상황적이고 개인적인 찬양과 감사

○ "_____(이신) 아버지를 사랑합니다."

● "_____(해)주신 아버지께 감사합니다."

3
....

이름이 거룩히 여김을 받으시오며

우리 몸의 모든 부분이 중요하지만, 그중에서 가장 중요한 부분은 척추입니다. 척추가 바로 설 때 온 몸이 건강해집니다. 척추에 뼈들이 붙어 있기 때문에 척추가 비뚤어지면 모든 뼈가 있어야 할 제자리에서 벗어나게 됩니다. 그러면 그 뼈에 매달린 장기들도 제자리에서 벗어나 제 기능을 할 수 없게 됩니다. 척추가 우리 몸의 건강과 삶의 활력을 좌우하는 것처럼 우리 삶의 척추가 반듯하게 서야만 합니다. 우리 삶을 건강하고 활력 있게 유지하는 척추는 바른 믿음입니다. 바른 믿음을 유지하려면 먼저 주님과 바른 관계를 맺어야 합니다. 주님과 바른 관계를 유지하는 비결은 바른 기도를 유지하는 것입니다. 바른 기도를 유지하는 최상의 도구는 주기도입니다. 주기도를 내 기도로, 내 기도를 주기도로 만들기 위해 우리가 붙들어야 할 핵심이 있습니다. 그것은 주기도의 첫 마디에 들어 있습니다.

"이름이 거룩히 여김을 받으시오며"

주기도는 얼핏 하나님과 우리에게 해당되는 각각의 내용들로 이루어진 기도처럼 보입니다. 문법적 구조는 하늘을 위한 세 마디 기도와 땅을 위한 세 마디 기도처럼 생겼지만, 영적 구조는 그렇지 않습니다. "이름이 거룩히 여김을 받으시오며"라는 기도 아래 다섯 마디의 기도가 붙어 있는 것입니다. 하나님의 이름이 거룩히 여김을 받으시기 위해 하나님 나라가 임해야 하고, 하나님의 뜻이 하늘에서 이루어진 것처럼 이 땅에서도 이루어져야 합니다. 하나님의 이름이 거룩히 여김을 받으시기 위해 우리에게 일용할 양식이 필요하고, 하나님의 이름이 거룩히 여김을 받으시기 위해 우리는 죄에서 용서받고 죄를 짓지 않아야 하며, 남의 죄를 용서해야 합니다. 이름이 거룩히 여김을 받으시기 위해 우리는 시험에 들지 않아야 하고 악에서 구원받아야 하는 것입니다. 이처럼 아래의 다섯 가지 간구는 모두 첫 마디의 전제를 바탕으로 하는 영적 구조를 가지고 있습니다.

주님은 우리에게 무엇보다 앞서 주님의 이름이 거룩히 여김 받으시기를 기도하라고 하셨습니다. 하나님의 이름은 하나님을 의미합니다. 한 사람의 이름은 그 사람을 포괄적으로 포장하는 포장지입니다. 이는 하나님이 경배를 받으시는 모든 말을 합한 말입니다. 쉬운 표현으로 한다면 "하나님, 저의 첫 번째 기도는 하나님을 영광스럽게 하는 것입니다. 저에게 여러 소원이 있지만 가장 첫째 되고 중요한 소원이 있다면 주께 영광이 되는 것입니다"라고 기도하라는 것입니다.

우리 삶에 시급하고 중요한 일이 얼마나 많습니까? 다음 주말까지 가게 계약을 결정해야 하는데 지혜가 없습니다. 다음 달까지 전세 집을 옮겨야 하는데 조건이 맞는 집이 없습니다. 이번 주말까지 돌아오는 어음을 막아야 하는데 아무런 대책이 없습니다. 꼬여만 가는 사업을 어떻게 일으켜야 할지 막막합니다. 재정, 자녀, 건강, 죄 문제를 비롯해 안전 대책도 시급합니다. 그런데 예수님은 하나님의 영광이 최우선순위가 되기를 기도하라고 말씀하십니다. 우리에게는 급한 삶의 문제가 많은데, 별로 절박하게 느껴지지 않는 하나님의 영광을 위해 기도하라고 말씀하시는 이유는 무엇일까요?

어쩌면 하나님이 아주 이기적인 분처럼 느껴질 수도 있습니다. 하나님 스스로 "내 영광을 위하여 하라"고 하시다니 말입니다. 내가 당신에게 "나를 높이시오"라고 말한다면 얼마나 모양새가 우습고 거북하겠습니까? 그런데 하나님은 왜 우리에게 그분의 영광을 구하라고 하실까요? 하나님이 천하만물 중 어느 하나라도 그분을 영화롭게 하지 않을 때 분노하고 가슴앓이 하시는 치사하고 유치한 독재자입니까? 우리가 영광을 돌리지 않으면 외롭고 시시해지는 분입니까? 결단코 그렇지 않습니다. 우리가 하나님께 영광을 돌려야 하는 이유는 하나님 때문이 아닙니다. 바로 우리 때문입니다. 우리의 영적 복지 때문에 하나님의 이름이 존귀하게 여김 받으시기를 기도하라고 하신 것입니다. 우리를 향하신 하나님의 놀랍고 영광스러운 계획 때문에 그분의 이름이 높임받기를 기도하라고 말씀하시는 것입니다. 우리가 제일 먼저 하나님의 이름이 영광 받으시기를 구해야 하는 이유는 무엇입니까? 바로 우리를 만들고 구속하신 하나님의 계획이기 때문입니다.

태양계를 잠시 들여다볼까요? 지금 우리가 사는 지구를 중심으로 온 우주가 도는 것이 아닙니다. 지구는 전 세계 해변에 깔린 모래알보다 훨씬 더 많은 온 우주의 별들 중 아주 작은 하나의 별이기 때문입니다. 우주에는 수억 개의 은하계가 있습니다. 그중 하나가 우리 은하계입니다. 그리고 은하계 안에 태양계가 있습니다. 태양계를 한번 살펴볼까요? 태양에 제일 가깝게 도는 별은 수성입니다. 다음은 금성이고 그다음은 지구입니다. 그다음에는 지구보다 훨씬 큰 화성, 그 옆에는 목성, 목성 다음에는 토성, 토성 옆에는 천왕성, 천왕성 뒤에는 해왕성, 그 뒤에는 명왕성이 돌고 있습니다. 이 태양계의 별들은 창조된 날 이후로 태양을 중심으로 돌고 있습니다. 만일 어느 날 지구가 이런 생각을 한다고 상상해봅시다. '난 더 이상 이렇게 틀에 박힌 뺑뺑이를 돌고 싶지 않아. 내가 무슨 이유로 밤낮없이 태양을 중심으로 돌아야

해? 나라고 태양계의 중심이 되지 말아야 할 이유가 어디 있어?'

지구가 이 생각을 행동에 옮긴다면 어떤 일이 벌어지겠습니까? 그 순간 지구는 파멸입니다. 지구의 영광과 생명, 생존과 복지, 번영은 태양을 중심으로 도는 데 있습니다.

그런데 그러한 상상 속의 일이 하나님의 세계에 실제로 일어났습니다. 하나님은 태양계처럼 한 번 만들어지면 변치 않고 자유의지 없이 기계적으로 돌아가는 천체를 만드셨습니다. 그러나 그런 기계적인 시스템 외에 아주 특별한 피조물을 만들고 싶어 하셨습니다.

> 우리의 형상을 따라 우리의 모양대로 우리가 사람을 만들고 그들로 바다의 물고기와 하늘의 새와 가축과 온 땅과 땅에 기는 모든 것을 다스리게 하자 하시고(창 1:26).

그래서 하나님은 그분의 형상대로 사람을 지으셨습니다. 자신을 지으신 창조주를 반역할 수 있을 정도로 완전한 자유의지를 지닌 존재로 인간이 창조된 것입니다. 그러나 하나님의 영광을 누리며 반사할 존재로 인간을 만드셨습니다. 본질적으로 인간의 영광은 그를 지으신 하나님과 함께할 때에만 빛납니다. 아무리 좋은 컴퓨터 부품이라도 컴퓨터 본체에서 떨어져 나가면 쓰레기에 불과합니다. 내 손은 너무나 중요하지만 몸에서 떨어져 나가면 그것은 지체가 아니라 소름끼치는 시체가 됩니다.

그런데 어느 날, 사탄이 인간에게 접근했습니다. 사탄은 원래 천사장 중 하나였습니다. 하나님을 중심에 모셔야 할 천사장이 하나님이 계셔야 할 그 중심에 자신을 놓으려는 반역을 일으킵니다. 하나님 중심에서 자기중심으로 돌아선 것입니다. 하나님을 반역하고 자기가 온 천상 세계의 중심이 되기로 결단한 것입니다. 그 순간 그는 천사장이 아닌 사탄이 되어 이 땅으로 쫓겨났습니다. 천상에서 쫓겨난 사탄은 에덴동산에 거주하던 인류의 조상을 유혹합니다. 창세기 3장에 나오는 사탄의 말을 쉽게 옮기면 이렇습니다.

"언제까지 하나님 중심으로 돌리고 하느냐? 네가 좋고 나쁨, 옳고 그름의 기준이 되는 너 중심의 삶을 세워라."

에덴동산에는 생명나무와 선악을 알게 하는 나무가 있었습니다. 상징적으로 생명나무는 하나님 중심의 시스템을 말하고, 선악을 알게 하는 나무는 나 중심의 시스템을 말합니다. 아담과 하와가 하나님 중심의 삶을 포기하고 나 중심의 삶을 선택한 게 모든 죄의 뿌리가 되었습니다. 초신자 시절에 신약 성경을 읽다가 죄라는 말이 나오면 그다지 마음에 와 닿지 않았고, 심지어 은근한 반항심도 생겼습니다.

'내가 무슨 죄를 그렇게 많이 졌다는 거야? 남들도 다 짓는 가벼운 죄를 짓긴 했지만 딱히 큰 죄를 지은 적은 없어. 내가 죽이기를 했어, 훔치기를 했어, 간음을 했어, 강도짓을 했어?'

그러던 어느 날, 한 가지 생각이 떠올랐습니다. 신약 성경을 읽다가 '죄'라는 말이 나오면 '나 중심'이라는 말로 바꾸어서 읽기로 했습니다. 그렇게 하니 얼마나 내 모습이 쉽게 이해되었는지 모릅니다. 예를 들어, 로마서 6장 23절의 "죄의 삯은 사망이요"를 "나 중심적인 삶은 사망이요"로 바꾸어 읽어보십시오. 나 중심적인 삶이 죄냐고요? 그렇습니다. 그것이 죄의 본질입니다. 하나님의 영광과 하나님 중심으로 살아야 할 인간이 하나님을 등지고 자신이 중심인 삶을 선택했기 때문에 끝없는 죄의 고통과 파멸의 열매를 맛보며 살게 된 것입니다. 아직도 이해가 잘 되지 않습니까? 당신의 가정을 두고 생각해보십시오. 자기중심성이 삶을 얼마나 파괴하는지 이해하기란 어렵지 않습니다. 집에 네 식구가 살고 있는데 식구들이 각자 나 중심적인 삶을 살기로 작정했다고 생각해보십시오. 당신의 가정은 고통과 슬픔의 산지옥이 됩니다. 반대로 지옥 같은 가정도 나 중심에서 벗어날 때 화목한 가정으로 변화될 수 있습니다. 나 중심의 삶만 버려도 우리는 모든 사람과 좋은 관계 맺고 살 수 있습니다.

하나님은 이렇게 제 자리를 벗어나 생명, 자유, 평안, 기쁨을 다 잃어버린 우리를 방관하지 않으셨습니다. 하나님은 우리를 사랑하셔서 예수님을 보내사 십자가에 못 박으셨습니다. 예수님이 십자가에 못 박혀 돌아가신 것은 우리를 가난과 질병, 사회적 불의에서 구하시기 위함이 아닙니다. 인류를 바른 교훈으로 인도하기 위해서가 아닙니다. 바로 나 중심의 노예가 된 우리를 해방시키기 위해서였습니다. 우리는 기도로 먹을 것이나 승진을 구할 수 있습니다. 사업가는 소득이 높아지기를 기도할 수 있습니다. 우리는 안전을 위해 기도해야 하고, 죄책감이 우리를 사로잡을 때 용서해 달라고 기도해야 합니다. 그것을 구하는 것은 바르고 중요한 일이지만, 하나님은 그 이상의 의도를 가지고 우리를 회복시키신 것입니다.

만약에 우리 기도가 하나님의 영광, 하나님 중심을 척추로 하지 않고 나 중심을 척추로 한다면 어떤 일이 벌어질까요? 기도를 하면 할수록 나 중심적인 삶이 확립될 것입니다. 그런 기도를 많이 할수록 우리는 이방인처럼 되고, 하나님처럼 될 수 없습니다. 이방인의 관심은 오직 선물(gift)입니다. 내가 내 힘으로 살아갈 동안 필요한 선물을 얻기 위해 신을 만들고 찾으며, 신에게 기도합니다. 내가 원하는 것을 줄 수만 있다면 어떤 신이라도 괜찮습니다. 이런 사람들에게 선물은 선물을 주는 이(giver)보다 더 중요합니다. 내가 구하는 것만 얻을 수 있다면 이미 고용한 신을 버리고 새 신을 고용할 수도 있습니다. 그러나 우리는 그렇게 할 수 없습니다. 돈 벌어 주는 남편이 그가 벌어 온 돈보다 훨씬 더 중요한 것처럼, 물려주신 유산보다 유산을 주신 아버지가 훨씬 더 귀한 것처럼, 하나님이 주시는 선물보다 선물을 주시는 하나님이 훨씬 더 소중합니다. 이방인의 기도 목적은 신을 잘 설득하고 꼬드겨서 원하는 것을 얻어내는 것입니다. 우리는 하나님을 그렇게 악하고 치사한 분으로 믿지 않습니다. 기도할수록 탐욕이 늘고 나 중심성이 강화된다면 그것은 크리스천 기도가 아닙니다. 인디언 농부들은 농사를 지으면 지을수록 땅이 윤택해지는 농법으로 농사를 지었다고 합니다. 기도를 하면 할수록 하나님을 닮아가고 그분이 기뻐하는 삶을 살게 되는 것이 바른 기도입니다. 그렇게 되려면 기도의 척추를 바꾸어야 합니다. "주시옵소서"라고 하는 기도 자체가 나쁜 것은 아니지만 계속 이렇게만 기도한다면 우리는 이방 사람들처럼 살 수밖에 없습니다. 그들은 그들의 신에게 기도하고 우리는 예수님께 기도한다는 것 이외에는 큰 차이가 없는 영적 타락을 하게 됩니다. 이스라엘 백성이 가나안 땅에 들어가서 하나님의 영광과 하나님 중심성을 잃어버린 채 자기중심이 되자 이방 신들을 섬기기 시작합니다. 하나님도 섬기지만 혹시 하나님이 못 도와줄 경우를 대비해서 이방신도 함께 섬긴 것입니다. 예수님이 혹시 내게 소홀할 경우 다른 것에게라도 도움을 구할 수 있는 대책을 마련하고 싶은 마음이 바로 그런 것입니다. 우리가 이처럼 나 중심적으로 주님을 섬긴다면 그것은 우상을 섬기는 것입니다. 기도할수록 이방인과 같은 동기와 태도로 살아간다면, 그것은 기도의 척추가 바르지 않기 때문입니다.

또한 내 기도의 척추가 하나님의 영광, 하나님 중심이 아니라 나 중심, 나의 필요에 맞춰지면 존재가 비참해집니다. 사람의 눈이 얼마나 부정확한지요. 아폴로호가 달에 착륙했을 때 나이지리아의 한 선교사가 자기가 섬기는 부족의 추장에게 그 이야기를 해주었습니다.

"추장님, 지금은 사람이 달에 가는 시대입니다. 거대한 우주 배를 타고 지금 사람들이 달에 도착했습니다."

그러자 추장은 한참 동안 선교사를 쳐다보더니 어이없다는 듯이 이렇게 말했습니다.

"저 달을 좀 보시오. 한 사람이 설 자리도 안 되는데 어떻게 사람들과 배가 도착합니까?"

우리의 눈이 그렇습니다. 우리의 현실에 시선을 집중하다 보면 이 현실이 전 세계를 덮고도 남는 크기로 보입니다. 동전 하나를 눈앞에 대보면 동전이 태양보다도 더 커 보입니다. 기도할 때 현실에 집중하고 주목하면 어떤 일이 벌어질까요? 비참해집니다. '나는 자유가 없다. 나는 죽을지도 모른다. 하나님도 나를 도울 수 없어. 이렇게 큰 문제를 지고 사는 사람은 전 세계에 나밖에 없을 거야'라고 생각하게 됩니다.

하나님의 눈으로 문제를 보면 문제는 티끌보다 작게 보이지만, 문제를 눈앞에 두면 하나님도 안 보일 정도로 문제가 나를 압도합니다. 그래서 우리가 비참해지는 것입니다. 하나님도 비참해지십니다. 얼마나 많은 하나님의 자녀가 하나님을 알라딘의 램프 속에 갇혀 사는 지니(genie) 취급을 하는지 모릅니다. 자기가 필요할 때만 불러내어 이것저것 도움을 구합니다. 천상의 도우미 취급을 당하는 하나님은 얼마나 비참하실까요? 무엇보다도, 십자가에서 예수님의 피와 물물교환으로 얻은 자녀가 이방인처럼 되어 가는 것을 볼 때 하나님은 얼마나 비통하실까요?

하나님의 영광을 위해 기도하십시오. 하나님을 중심에 모시고 그분을 높이며, 하나님을 영화롭게 하고 그분을 크게 모시는 기도의 척추를 유지하십시오. 무엇을 구하든 하나님의 영광과 한 방향 정렬이 되는지 먼저 생각하십시오. 그때 현실적 여건과 상관없이 우리는 소중하고 위대한 존재가 됩니다. 하나님은 그 영광을 우리와 함께 나누고 싶어 하시는 것입니다. 하나님은 우리가 구하는 빵, 용서, 안전, 이 땅의 어떤 소원보다 더 큰 것으로 우리와 함께 살아가기를 원하시는 것입니다.

가장 먼저 하나님의 영광을 위해 기도해야 할 또 다른 이유는 그것이 우리를 이 땅에 두신 하나님의 계획이기 때문입니다. 하나님의 영광이 되는 것은 우리의 기도 이전에 이 땅에서 살아가는 본질적인 존재 이유입니다. 하나님의 은혜에 감사하면 하나님의 영광을 위해 살 수밖에 없습니다. 나 중심으로 살 때 우리는 인생을 파멸로 이끌 수밖에 없었습니다. 그러나 하나님은 도저히 헤어 나올 수 없는 나 중심의 수렁에서 우리를 구하셔서 하나님 중심으로 살 그분의 백성이 되게 하셨습니다. 우리는 그 은혜가 너무 감사해서 주님께 자신을 드리는 것입니다. 출애굽기 21장에 나타나 있듯 주인의 은혜가 너무 감사해서 귀를 뚫고 나머지 생애를 주님께 드린 종처럼 주님께 우리를 드리는 것입니다. 살든지 죽든지 먹든지 마시든지 무엇을 하든지 주님의 영광을 위하여 사는 것이(고전 10:31) 우리가 이 땅에 있는 이유입니다. 성경은 이렇게 말씀합니다.

> 너희 몸을 하나님이 기뻐하시는 거룩한 산 제물로 드리라 이는 너희가 드릴 영적 예배니라(롬 12:1).

하나님의 은혜에 감사하며 주일에 교회에서 헌신하고 교제하는 것은 중요한 일입니다. 그러면 주일을 뺀 나머지 날들은 어떻게 됩니까? 주님은 그 삶이 살아 있는 예배라고 말씀하십니다. 우리는 주님의 영광을 반사하기 위해 이 땅에 있습니다. 우리는 수면에 아름다운 산과 구름이 그대로 비치듯 보이지 않던 하나님이 우리를 통해 보이고, 들리지 않던 하나님이 우리를 통해 들리고, 없는 줄 알았던 하나님이 존귀하게 인식되고, 관계 없었던 하나님이 관계 있는 존재가 되게 하는 주님의 거울이어야 합니다. 이 대전제를 놓치면 기도의 거룩한 목적을 놓치고, 속물 종교인으로 전락하고 맙니다.

우리는 믿음이 조금 자라면 이 말 한마디를 입에 붙이고 삽니다. "하나님의 영광을 위하여!" 그래서 기도할 때도 하나님의 영광을 내 기도에 붙이며 격식을 갖추기도 합니다. "제 아들이 이 대학에 가는 게 하나님께 영광이 될 것 같습니다. 제 사업이 이렇게 확장되어야 하나님께 영광을 돌리지 않겠습니까?" 좋은 말입니다. 그러나 그것이 입에 발린 말인지 중심이 있는 소원인지 어떻게 알까요? 분별은 어렵지 않습니다. 그렇게 기도했는데 안 들어주셨을 경우에도 속상하지 않으면 진심이고, 화가 나면 그건 입에 붙은 말입니다.

그래서 기도에 대한 흥미를 잃고 기도생활을 포기합니다. 그리고 내 힘으로는 도무지 어쩔 수 없는 어려움을 당할 때까지 기도의 자리를 떠나게 됩니다. 우리가 정말 하나님의 영광을 위해서 기도한다면 수능 일주일 전부터 새벽기도를 시작하지 않을 것입니다. "바라던 대학에 못 들어가도 괜찮습니다. 하나님의 이름이 높임을 받으신다면 그것으로 족합니다"라고 할 수 있다면 그날 드린 기도는 척추가 바로 선 기도입니다. 왜 하나님이 나를 통해서만, 우리 교회를 통해서만 영광을 거두셔야 합니까?

우리의 기도가 힘이 없는 이유는 기도의 척추가 잘못되었기 때문입니다. 주의 이름이 거룩히 여김을 받기를 원하는 기도의 척추가 바로 서야 합니다. 하나님의 영광이 당신이 드리는 기도의 목적과 초점, 우선순위가 되게 하십시오.

> 주기도를
> 내 기도로
> 변환하기

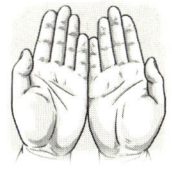

"이름이 거룩히 여김을 받으시오며"

1단계 하나님의 은혜에 감사해서 나를 드린다는 마음과 이 땅에서 하나님의 영광을 반사하는 거울처럼 살기를 원하는 마음을 두 손바닥이 위로 향하도록 쫙 펴는 동작으로 표현합니다.

잘하셨습니다. 그것만으로도 훌륭한 기도입니다. 그러나 한 발자국 더 나아가야 합니다. 이제 2단계로 가십시오.

2단계 두 손바닥을 하늘을 향해 편 채, 눈을 감고 날줄기도를 고백하십시오. "나를 주께 드립니다. 주께 영광되기 원해요."

훌륭합니다. 이제 당신의 기도는 세내로 된 틀을 갖추기 시작하였습니다. 그러나 당신의 기도답게 좀 더 살이 붙기를 바란다면 이제 3단계로 가십시오.

3단계 두 손바닥을 하늘을 향해 편 채, 눈을 감고 두 개의 날줄기도에 간단한 씨줄기도를 엮어보십시오. "나를 주께 드립니다. 왜냐하면…", "주께 영광되기 원해요. 어떻게…"

일단 정지! 잠시 책을 내려놓으십시오. 지금은 주기도를 내 기도로 변환하는 연습을 하는 시간입니다. 짧고 간단하게라도 자신만의 기도 카펫을 짜보십시오.

보십시오, 당신도 기도할 수 있지 않습니까? 주기도가 당신의 기도로 변환되고 있습니다. 짧은 시간에 당신은 크리스천 기도의 기본형을 배운 것입니다. 이 기본형이 몸에 익을 때까지 4단계는 접어두십시오. 3단계가 익숙해졌을 때 4단계에 도전해보십시오.

4단계 주기도의 날줄기도에 당신의 씨줄기도를 더 풍성하고 실제적으로 결합하는 연습을 하십시오. 먼저 주의 은혜에 감사하여 나를 드리는 헌신의 기도로 시작하여, 이 땅에 하나님의 영광을 반사함으로 그분의 이름을 존귀하게 하는 거울로 살게 해달라고 기도합니다. 당신의 말로 기도를 적으십시오. 글씨로 쓸 때 집중력이 높아지고 생각도 더 명확하게 정리됩니다.

"나를 주께 드립니다. 주께 영광되길 원해요."

1 **기본적이고 일반적인 기도**

  ○ 은혜에 감사하여 나를 주께 드리는 헌신의 기도(롬 12:1, 출 21:5-6)

  • 삶 전체가 주님의 영광이 되기를 소원하는 기도(고전 10:31, 고전 6:19하-20)

○ 생각나는 성경 구절이나 성경 이야기

● 떠오르는 찬송이나 찬양

2 **상황적이고 구체적인 기도**

○ "예수님께 제 (직면한 문제, 삶의 영역, 주께 드리고 싶은 것 등) _____을(를) 올려드립니다."

● "제가 _____함으로(됨으로) 거울처럼 주님의 영광을 반사하기 원합니다."

4

나라가 임하시오며

기도는 많이 하는 것보다 바르게 하는 것이 중요합니다. 기도가 기도자의 삶과 인격을 바꾸어 놓기 때문입니다. 하나님은 흔히 기도를 통해 상황을 바꾸기보다는 기도하는 사람을 바꾸십니다.

성경에 야베스라는 사람이 나옵니다. 그 이름의 뜻이 '고통'임을 미루어 볼 때 그의 삶은 시작부터 고통스러웠던 것 같습니다. 그러나 그는 이렇게 기도합니다.

> 주께서 내게 복을 주시려거든 나의 지역을 넓히시고 주의 손으로 나를 도우사 나로 환난을 벗어나 내게 근심이 없게 하옵소서(대상 4:10).

하나님은 그의 기도에 어떻게 응답하셨을까요? 그에게 많은 부동산을 주셨을까요? 아닙니다. 성경은 그가 땅에서 부자가 되었거나 평생 어떤 병도 걸리지 않고 건강하게 살았다고 말하지도 않습니다. 성경은 그 기도의 결과를 이렇게 한 마디로 기록합니다. "그의 형제보다 귀중한 자라"(대상 4:9). 성경은 그가 기도했던 상황의 변화에 대해 말하지 않습니다. 오히려 그가 그렇게 기도했기 때문에 뒤집어진 그의 인생에 대해 말합니다. 그는 모든 형제보다 존귀한 존재가 되었습니다. 그는 존귀한 사람으로 그 이름이 성경에 기록되었습니다. 기도가 사람을 만듭니다. 그 사람이기 때문에 그 기도를 할 수도 있겠지만, 대부분 그 기도 때문에 하나님이 우리를 그런 사람으로 만드십니다.

예수님을 사랑하는 기도를 하면 할수록 그 사람은 예수님 가까이 가게 됩니다. 누군가를 용서하려고 기도할 때 상대방이 용서받고 변화되는 것은 둘째고 기도하는 내 마음의 주머니가 커집니다. 선교를 위해 기도하는 사람은 선교를 위해 기도하지 않는 사람과는 다른 사람이 됩니다. 선교를 위해 기도할 때 잃어버린 세상을 향한 하나님의 긍휼의 마음을 공감하는 성숙한 자녀가 됩니다. 반대로 자기중심적인 기도는 하면 할수록 기도하는 사람을 더욱 이기적이고 탐욕스럽게 만듭니다. 예수님은 높고 깊으며 크게 사는 새로운 삶의 실제를 보여주고 싶어 하십니다. 새롭고 큰 삶을 살려면 우리는 삶의 환경이 아닌 기도를 바꿔야 합니다. 기도가 바뀌면 우리의 인격과 삶이 바뀌기 때문입니다. 하나님의 마음을 이해하는 높은 삶을 살고 싶습니까? 화장기 없는 진실하고 거룩한 삶을 살고 싶습니까? 온 세상에 영향력을 미치는 큰 삶을 살기 원합니까? 그것이 바로 주님이 원하시는 것입니다. 그런데 한편으로는 이런 생각이 들지 않습니까?

'뭐라도 좀 가진 게 있어야 그런 꿈도 꾸지.'

'뭐라도 좀 할 능력이 되어야 그런 상상이라도 하지.'

주님의 말씀을 받아들이는 일에 발목을 잡는 것은 내가 처한 환경입니다. 어쩌면 어려서부터 우리는 늘 이 환경과 상황 탓을 하며 주님의 계획을 무시했는지도 모릅니다. 야베스가 이 시대에 살고 있다면 큰 소리로 우리를 책망할 것입니다. "바꾸어야 할 것은 네 환경이 아니라 기도다!"라고 말입니다.

그래서 주님은 우리에게 "나라가 임하시오며"라고 기도하라고 말씀하십니다. 이 기도의 의미는 무엇일까요? 왜 이 기도가 내 삶을 주님이 기대하시는 높고 깊으며 큰 삶으로 바꾸는 것일까요? 이 기도에 대해 많은 성도가 오해를 합니다. 그래서 이 기도를 자신과 아무런 상관이 없는 것처럼 여기기도합니다. 이를 주님이 재림하시기를 기도하는 미래형의 기도로 보는 사람도 있고, 하나님의 정의로운 세상이 이 땅에 이루어지기를 바라는 현재형의 기도로 보는 사람도 있습니다. 그러나 이 기도는 어떤 지역이나 영역이 아닌 하나님의 실제적인 통치를 말합니다. 하나님의 통치가 이루어지는 곳이 하나님 나라입니다. 알래스카는 미국 본토와 붙어 있지 않습니다. 오히려 캐나다나 러시아와 가깝습니다. 그러나 알래스카는 미국 땅입니다. 하와이는 미국 본토에서 훨씬 더 멀리 떨어져 있습니다. 그런데 하와이는 미국 땅입니다. 왜 알래스카와 하와이가 미국 땅입니까? 미국 대통령의 통치가 미치는 땅이기 때문입니다. 독도는 우리 땅입니다. 왜 독도가 우리 땅입니까? 우리나라 대통령의 통치가 미치기 때문입니다. 나는 이 어려운 개념을 "예수님은 왕이십니다. 주님, 나를 다스리소서"라고 쉽게 바꾸어 설명하고 싶습니다.

예수님은 왕이십니다. 주님, 나를 다스리소서.

그러면 왜 이 기도가 높고 깊으며, 큰 삶으로 우리를 변화시키는 능력을 발휘할까요?

왕이신 예수님을 왕으로 인정하고, 그분이 나를 통치하시기를 기도할 때 놀라운 의식의 변화가 시작됩니다. 이 기도는 낮은 자리에 살던 우리를 높은 삶의 자리로 옮겨놓습니다. 왜냐하면 이렇게 기도하는 즉시 우리는 그 왕의 백성이 되기 때문입니다.

예수님은 왕이십니다. 그분은 온 천하 만물을 만든 왕이십니다. 요한은 예수님을 왕으로 소개합니다.

> 태초에 말씀이 계시니라 이 말씀이 하나님과 함께 계셨으니 이 말씀은 곧 하나님이시니라 그가 태초에 하나님과 함께 계셨고 만물이 그로 말미암아 지은 바 되었으니 지은 것이 하나도 그가 없이는 된 것이 없느니라(요 1:1-3).

바울도 예수님을 온 천지 만물을 만드시고 소유하시고 다스리시는 왕으로 인식하고, 우리에게 그 인식에 대해 나눕니다.

> 만물이 그에게서 창조되되 하늘과 땅에서 보이는 것들과 보이지 않는 것들과 혹은 왕권들이나 주권들이나 통치자들이나 권세들이나 만물이 다 그로 말미암고 그를 위하여 창조되었고 또한 그가 만물보다 먼저 계시고 만물이 그 안에 함께 섰느니라(골 1:16-17).

예수님은 왕 중의 왕, 모든 피조세계를 지배하고 통치하는 왕이십니다. 그런데 그분이 왜 이 땅에 오셨을까요? 죄에 팔린 인류를 구속하기 위해서입니다. 하나님이 그분의 형상대로 창조하신 원래 상태로 우리를 회복시키기 위해서입니다. 우리를 빚으신 그 왕이 이 땅에 연한 순 같은 어린아이로 태어나시고, 우리를 회복하기 위해 십자가에 죽으셨습니다. 왕은 십자가에서 죽으셨지만, 죽음의 권세를 깨고 다시 살아나셨습니다. 그분은 죽음을 이긴 왕이십니다. 그리고 승천하신 그분은 오순절에 성령으로 임하셔서 누구든지 그분을 영접하는 사람의 마음속에 거하시며 실질적인 통치자가 되십니다. 나는 태어나서 지금까지 대통령 열한 명의 통치를 경험했습니다. 이 나라의 대통령들이 행정적으로는 내 통치자였지만, 그들이 내 양심과 개인적인 삶을 다스린 적은 없습니다. 내 매일의 삶을 통치하는 가장 실질적인 통치자는 내 마음에 계신 왕, 예수님이십니다. 그리고 예수님은 영이 아닌 육체로 이 땅에 다시 오셔서 이 땅에 종말론적 왕국을 완성하시게 됩니다. 제가 이렇게 예수님의 이야기를 길게 하는 이유는 예수님만이 진정한 왕이시라는 것을 강조하고 싶기 때문입니다. 예수님은 온 우주의 만물(萬物), 만사(萬事), 만시(萬時)를 지배하고 다스리는 분이십니다.

인형극을 할 때 인형의 손목과 발목, 무릎과 발에 줄을 이어 위에서 막대로 움직이면 팔다리가 움직이고 걷기도 합니다. 중세에 어떤 화가가 예수님의 그림을 그렇게 그렸다고 합니다. 예수님이 구름 위에서 온 천지 만물을 향해 손을 내미시는데, 그 각각의 손가락에는 엄청나게 많은 가느다란 줄들이 매어져 밑으로 내려옵니다. 그리고 그 줄들은 구름 밑에 있는 세상의 모든 만물과 연결되어 있습니다. 봄이 오고 개나리가 피는 것도 예수님 때문입니다. 계절이 변하는 것도 예수님 때문입니다. 혹시 너무 지나치다고 생각합니까? 지구는 자전을 하며 태양 주위를 1년에 걸쳐 공전합니다. 밤과 낮이 있는 것은 자전 때문이고, 사계절이 바뀌는 것은 지구의 기울기 때문입니다. 지구는 약 23도 경사진 기울기로 태양 주위를 돌기 때문에 북반구와 남반구의 여름과 겨울이 바뀌는 것입니다. 문제는 그 23도의 기울기로 도는 지구의 축을 붙드는 이가 누구냐는 것입니다. 골로새서 1장 17절은 그 축을 붙들고 계신 분이 예수님이라고 분명하게 말씀합니다. "만물이 그 안에 함께 섰느니라"(He holds it all together).

우리가 섬기는 왕은 십자가에서 죽은 가련한 정치범이 아닙니다. 예수님은 모든 것을 다스리는 전지전능한 하나님이십니다. 그 예수님을 나의 왕으로 인식하고 그분의 다스림 아래 겸손히 내 삶을 내려놓을 때, 나는 그 영광스러운 왕의 백성이 됩니다.

미국 유학 시절에 미국 시민권을 가진 미국인들을 보며 가끔 부러움을 느꼈습니다. 미국은 자국민 한 명이 어느 나라에서 인질로 잡히면 땅 끝까지 가서라도 구출해 데려옵니다. 미국 병사가 다른 나라에 가서 싸우다 죽으면 끝까지 찾아가 그 시체를 찾아 명예로운 장례를 치러줍니다. 그처럼 자기 백성을 끝까지 책임지는 것이 가끔 부럽기도 했습니다. 그러나 이내 내 마음은 내 시민권이 있는 하나님 나라에 대한 감사로 새롭게 채워졌습니다. "나는 하늘의 왕이 다스리는 나라의 시민입니다. 하늘의 왕이 나를 지키고 책임지실 것입니다." 내가 예수님을 왕이라고 기도로 선언하는 순간, 나는 영광스러운 왕의 백성이 됩니다. 내 삶의 사소하고 작은 사건과 문제들은 영광스런 왕의 영광스런 관심사가 되어 그 품격이 달라집니다. 내 복지는 예수님이 책임지실 왕국의 업무가 됩니다. 내 삶의 모든 영역은 그분의 통치가 임하는 그분의 나라로 바뀝니다. 우리는 낮은 땅, 낮은 사회적 지위, 낮은 수준의 경제적 상황에 처해 있지만 높은 곳에 살고 있습니다. 높으신 왕의 관심 안에서 살고 있습니다. 하늘의 왕이 우리가 매일 쓰고 마음 졸이는 모든 삶에 개입하여 간섭하시는 새로운 삶이 우리에게 시작됩니다. 그래서 우리는 기도해야 합니다.

자신의 삶이 보잘것없어 보이고, 이 작은 일이 예수님께 기도할 만한 가치가 있는지 고민될 때마다 부르짖으십시오. 예수님의 왕권에 내 존재와 문제를 걸어 놓으십시오. 그게 바로 "나라가 임하시오며"라는 기도의 내용입니다.

예수님은 왕이십니다. 주님의 다스리심을 구하는 기도는 우리를 깊은 인격과 믿음의 사람으로 바꾸어 놓습니다. 왜냐하면 이 기도는 가장 깊은 곳에서부터 예수님의 통치가 이루어지기를 기도하는 것이기 때문입니다. 내 영혼, 아무도 보지 못하는 깊은 중심을 그분이 다스리시길 기도하는 것입니다. 수레바퀴로 비유하자면 영혼은 내 삶의 수레바퀴를 돌리는 축입니다. 그 중심축이 지금까지는 나였습니다. 내가 내 삶의 왕 노릇을 해왔던 것입니다. 그러나 예수님을 나의 구세주와 주인으로 모실 때 그 중심축이 바뀌는 것입니다. 예수님이 내 영혼을 다스리실 때 삶은 제멋대로 굴러가지 않고 그분이 의도하신 뜻이 있는 방향으로 그 목적을 향해 굴러가게 됩니다. 그 옛날 성막에 지성소, 성소, 외소가 있었던 것을 생각해보십시오. 지성소로 비유될 수 있는 것이 바로 우리의 영혼입니다. 그러므로 제일 먼저 기도해야 할 것은 주님이 내 영혼을 다스리시기를 구하는 것입니다.

그다음에는 내 마음을 다스리시기를 기도해야 합니다. 내 마음은 성소에 해당합니다. 마음은 지성, 감정, 의지로 구성됩니다. 우리의 지성이 얼마나 건방진지요. 내 현실에 관한 한, 예수님보다는 내가 전문가라고 생각하는 이 교만함을 어떻게 해야 합니까? 우리의 감정은 얼마나 변덕스러운지요. 우리의 의지는 얼마나 강퍅한지요. 왕께 굴복하기를 결코 좋아하지 않습니다. 반면 내 마음대로 하고 싶어 하는 이 강퍅한 의지는 소 힘줄 같아서 얼마나 질긴지 모릅니다. 내 지성을 내가 길들이지 못합니다. 내 감정을 내가 바꾸지 못합니다. 내 강퍅한 의지를 내가 뒤집지 못합니다. 그러므로 주님이 다스리셔야 합니다.

그다음에는 내 삶으로 갑니다. 내 영혼과 마음이 주님의 통치 아래 있게 된 다음에는 그분이 내 삶을 다스리시도록 기도해야 합니다. 내 영과 마음이 지성소와 같다면, 내 삶은 번제단과 물두멍이 놓여 있던 외소와 같습니다. 죽었던 영이 구원받고 살아났다고 해도, 죄에 오염된 마음과 삶에서 죄된 독소가 사라지는 데는 시간이 필요합니다. 그것을 성화의 과정이라고 부릅니다. 구원받았다고 해서 내 생각과 말, 행동이 결심한 즉시 변화되지 않습니다. 중생은 즉각적으로 이루어지지만 성화는 점진적으로 이루어집니다. 그러다 어느 날, 이 세상을 떠날 때 우리는 다시는 죄를 생각하거나 행하지도 않을 완벽한 거룩함을 입게 됩니다. 그것을 영화라고 부릅니다. 우리는 구원받았고(중생), 구원받고 있으며(성화), 구원받을 것입니다(영화). 영화가 이루어지는 그 순간까지, 다시 말해 죽는 날까지 우리의 생각과 삶은 스스로의 의지와 노력으로 바뀌지 않습니다. 유치원부터 대학원에 이르기까지 거짓과 미움을 버려야 한다고 배우지만, 세상의 거짓과 미움은 절대로 없어지지 않습니다. 그것은 세상에서 들어오는 게 아니라 우리 안에서 밖으로 솟아 나오는 것이기 때문입니다. 죄로 오염된 성품은 사람의 노력으로는 결코 바꿀 수 없습니다. 내 생각을 바꿀 수 있는 분은 주님밖에 없습니다. 그래서 주님이 내 생각과 말, 행실과 태도를 다스려주시기를 기도해야 하는 것입니다.

이렇게 하늘의 왕께서 내 영의 깊은 중심과, 지정의로 이루어진 내 마음과, 사언행(思言行)으로 이루어진 내 삶을 다스리시도록 기도함으로 변장할 필요 없는 깊은 내면의 진실성과 거룩함을 개발하게 되는 것입니다. 주님이 내면의 중심 왕좌에 앉으셔서 나를 다스리시는 상태를 성경은 성령충만이라고 부릅니다. 성령충만은 예수님이 내 중심축을 주장하는 내면의 왕으로 다스리시는 상태를 말합니다.

몇 년 전 우리는 무서운 쓰나미를 보았습니다. 내 삶과 내가 속한 작은 세상의 변화는 어디서부터 시작될까요? 누구도 보지 못한 내 영혼 깊숙한 곳에서 시작됩니다. 쓰나미는 태풍이 불어서 생기는 현상이 아닙니다. 지구 깊은 곳의 지각판이 충돌하여 물을 쓸어 올리면 그것이 파도에 의해 점점 파동을 쳐서 마을과 도시를 다 쓸어가는 것입니다. 진정 쓰나미 같은 삶의 변화를 원한다면 내 삶에서 변화되어야 할 100가지 문제를 고쳐달라고 기도하기보다 오히려 이렇게 기도해야 합니다. "주님, 제 마음을 다스려주십시오." 에베소서 5장 18절은 "술 취하지 말라 이는 방탕한 것이니 오직 성령으로 충만함을 받으라"고 말씀하십니다. 성령충만할 때 제일 먼저 일어나는 현상은 찬양이고 그다음은 감사입니다. 그리고 마음속에 일어난 이 깊은 파동은 쓰나미처럼 안방으로 몰려갑니다. 마치 예수님과 성도와의 관계처럼 아내는 남편에게 순복하고, 남편은 아내를 사랑합니다. 그리고 자녀의 공부방으로 밀려 갑니다. 아버지는 하나님이 우리를 대하듯 자녀를 대하고, 자녀는 하나님을 경외하듯 아버지를 공경합니다. 거기서 문간방으로 갑니다. 주종관계에 새로운 변화가 일어납니다. 이 거룩한 예수 통치의 쓰나미는 거기서 끝나지 않습니다. 마침내 세상으로 갑니다. 세상에 있는 마귀의 다스림이 꺾이는, 주님의 다스림이 역사하는 하나님 나라가 서게 됩니다.

결국 모든 변화의 진원지는 어디입니까? 주님이 내 영혼을 다스리시는 것입니다. 변화의 쓰나미는 내 영혼 깊은 곳이 주님의 다스림을 받아 그분의 나라가 될 때에 일어납니다. 기도는 우리를 송두리째 바꾸어 놓습니다. 왕이신 하나님이 모든 것을 다스리시기를 기도해야 합니다. 특히 우리 아버지의 나라가 땅 끝까지 이르기 원하는 세계 선교를 위해 기도해야 합니다. 내 영혼 깊은 곳에서 시작하여 온 세계에 이르는 이 영광스러운 주님 나라의 비전에 어떻게 동참할 수 있을까요? 기도로 동참할 수 있습니다. 우리는 작은 사람들입니다. 그러나 기도를 통해 큰 축복과 영향의 지경을 확장하는 큰 삶을 살 수 있습니다. 쓰나미가 일파만파로 다가오듯 가정과 교회, 내가 심긴 세상을 덮는 이러한 기도의 너비는 우리를 그러한 사람으로 변화시킵니다. 일개 목동에 지나지 않았던 다윗이라는 소년을 생각해보십시오. 그는 이스라엘의 성군과 메시아의 모형으로 살았습니다. 그 비밀은 무엇일까요? 하나님의 왕 되심과 그분의 다스리심을 구했던 기도 때문입니다. 시편 145편 1절에서 그는 이렇게 말합니다. "왕이신 나의 하나님이여 내가 주를 높이고 영원히 주의 이름을 송축하리이다."

다윗 같은 인생을 살기 원합니까? 기도하십시오. "왕이신 나의 하나님!" 우리는 이 말을 이렇게 바꾸어야 합니다. "예수님은 왕이십니다. 왕이시여, 나를 다스려주십시오."

주기도를 내 기도로 변환하기

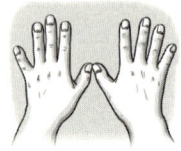

"나라가 임하시오며"

1단계 예수님의 손에 세상의 모든 만물이 매달려 있음을 상상하며 줄 인형을 조종하는 막대처럼 손바닥이 아래로 향하게 하고, 예수님의 다스림이 내 영혼 깊은 곳에서부터 온 세상 땅 끝까지 확장되는 상상을 하며 손가락을 넓게 벌리십시오. 그리고 마음의 소원을 말씀드리십시오.

잘하셨습니다. 그것만으로도 훌륭한 기도입니다. 그러나 한 발자국 더 나아가야 합니다. 이제 2단계로 가십시오.

2단계 두 손바닥을 하늘을 향해 편 채, 눈을 감고 날줄기도를 고백하십시오. "예수님은 왕이십니다. 주님, 나를 다스리소서."

훌륭합니다. 이제 당신의 기도는 제대로 된 틀을 갖추기 시작하였습니다. 그러나 당신의 기도답게 좀 더 살이 붙기를 바란다면 이제 3단계로 가십시오.

3단계 두 손을 아래로 향하여 쫙 편 채, 눈을 감고 두 개의 날줄기도에 간단한 씨줄기도를 엮어보십시오. "예수님은 왕이십니다. 왜냐하면…" "주님, 나를 다스리소서. 어떤 영역을…"

일단 정지! 잠시 책을 내려놓으십시오. 지금은 주기도를 내 기도로 변환하는 연습을 하는 시간입니다. 짧고 간단하게라도 자신만의 기도 카펫을 짜보십시오.

보십시오, 당신도 기도할 수 있지 않습니까? 주기도가 당신의 기도로 변환되고 있습니다. 짧은 시간에 당신은 크리스천 기도의 기본형을 배운 것입니다. 이 기본형이 몸에 익을 때까지 4단계는 접어두십시오. 3단계가 익숙해졌을 때 4단계에 도전해보십시오.

4단계 주기도의 날줄기도에 당신의 씨줄기도를 더 풍성하고 실제적으로 결합하는 연습을 하십시오. 먼저 만물이 왕이신 예수님으로 말미암고, 그를 위해 존재하며, 그 손안에서 운행하고 있음을 찬양합니다. 그리고 그 다스림이 내 영혼에서 출발하여 마음과 생각, 말과 행동, 내 태도와 관계, 내가 심겨진 세상(가정, 교회, 일터 혹은 학교, 동네, 미래 신자, 세계 선교)에 확장되기를 기도합니다. 당신의 말로 기도를 적으십시오. 글씨로 쓸 때 집중력이 높아지고 생각도 더 명확하게 정리됩니다.

"예수님은 왕이십니다. 주님, 나를 다스리소서."

1 **기본적이고 일반적인 기도**
- 예수님의 왕 되심을 찬양하십시오(골 1:15-17, 시 47:7상).

- 주님이 내 삶의 모든 영역을 다스리시길 간구하십시오(시 145:1).

◦ 생각나는 성경 구절이나 성경 이야기

- 떠오르는 찬송이나 찬양

2 상황적이고 구체적인 기도

◦ "예수님은 (이 문제, 이 부분, 이 영역) _____의 왕이십니다."

- "예수님, (내 마음, 가정, 교회, 직장, 직면한 상황) _____을 다스려주십시오."

○ "예수님의 통치가 _____에게 임하길 기도합니다."
• 주께 인도하기를 원하는 미래 신자의 구원을 위한 기도

• 세계 선교를 위한 기도: 구체적인 기관, 선교사(마 28:18-20).

5

뜻이 하늘에서

이루어진 것 같이

땅에서도 이루어지이다

제가 어렸을 때 아주 싫어했던 동물은 거머리였습니다. 모를 심으러 갈 때 거머리가 어찌나 많이 달라붙는지 거머리에 대한 두려움이 모 심는 수고보다 나를 더 괴롭게 했습니다. 거머리는 몸통 양쪽에 빨판을 갖고 있습니다. 어느 쪽으로도 다 먹을 수 있습니다. 일단 피부에 딱 달라붙은 다음에는 구멍을 뚫고 피를 빨아 먹습니다. 심지어 잘 죽지도 않습니다. 그래서 거머리가 내 피를 빨아 먹었을 때는 나는 반드시 철저한 보복을 하곤 했습니다. 풀줄기를 잘라 거머리 한 쪽 입에 대고 밀면 거머리가 양말 뒤집듯 안팎이 뒤집어지면서 그제야 죽습니다. 제가 그런 짓도 했습니다.

예수님을 믿은 후 어느 날 잠언을 읽는데 잠언에 거머리에 대한 내용이 나오는 것을 보고 깜짝 놀랐습니다. 이스라엘에도 거머리가 있었다니 말입니다. "거머리에게는 두 딸이 있어 다오 다오 하느니라"(잠 30:15). 이 말씀은 영어 성경에 이렇게 나옵니다. "The leech has two daughters, 'Give! Give!' they cry." 거머리는 양쪽 빨판으로 피를 빨아 먹으면서도 피에 대한 무저갱 같은 갈증을 느낀다는 뜻입니다. 거머리는 배가 타원형 공처럼 될 때까지 피를 빨아 먹습니다. 우리나라에 서식하는 거머리는 성냥개비 하나 정도의 크기이지만, 파푸아뉴기니나 동남아시아의 정글에 들어가면 거머리 한 마리가 손바닥만 합니다. 이런 거머리가 나무에 붙어 있다가 사람이나 짐승이 지나가면 달라붙기 때문에 조심해야 한다고 합니다. 크든 작든 거머리는 생각만

해도 기분 나쁜 존재입니다.

왜 생뚱맞게 거머리 이야기냐고요? 인정하고 싶지 않은 불편한 진실이 지금 기독교계 안에 흐르고 있기 때문입니다. 그것은 기독교가 기복교(祈福敎)로 바뀌고 있다는 것입니다. 예수를 믿는 기독교가 아니라 예수가 주는 복을 숭상하는 기복교로 바뀌고 있는 것입니다. 왜 기독교가 기복교가 되어 세상 사람들의 호기심을 끌지 못하고 그 영광마저 잊어버리게 되었을까요? 핵심 원인 중 하나가 바로 잘못된 기도입니다. 기복적인 기도는 우리를 파괴합니다. 거머리처럼 "이것 주세요, 저것 주세요, 또 주세요, 많이 주세요"라는 말로 일관합니다. 달라는 게 잘못이 아닙니다. 주님도 필요를 구하라고 하셨습니다. 잘못은 그것을 구하는 목적이 지독히 나 중심적이고 철저히 현세적이며, 이기적이라는 데 있습니다. 예수님보다는 예수님이 주신 복이 더 그립고, 하늘보다는 이 땅이 더 중요하고, 영원보다는 100년도 못 살 이 짧은 현세가 더 소중한 기도는 기복교의 기도입니다. 하나님 나라와 그분의 영광보다는 나의 번영과 편안한 삶이 훨씬 중요한 가치가 되어버린 한국 기독교를 향해 누군가 기복교라고 이름을 바꾸었습니다.

하나님을 높이고 교회 공동체를 세우고 자신의 인격을 존귀하게 하는 영적인 성숙이 있기 원한다면 어떻게 해야 할까요? 기도를 바꾸어야 합니다. 예수님은 "뜻이 하늘에서 이루어진 것 같이 땅에서도 이루어지이다"라고 기도해야 한다고 말씀하셨습니다. 구하기 전에 먼저 그것을 주셔야 할 이유를 말씀드리라는 것입니다. 이 기도의 의미는 무엇일까요?

이 주기도의 구절을 매일마다 삶의 기도로 전환하기 위해 놓치지 말아야 할 두 가지가 있습니다. 하나는 '양도'이고 또 하나는 '순종'입니다.

양도: 주님 뜻이 이루어지길

이것은 쉽게 말해 "주님 뜻대로 하세요"라는 말입니다. 이 기도는 내 마음을 주님의 뜻에 양도하는 기도입니다. 예수님이 왜 이 땅에 오셨습니까? 예수님이 이 땅에 오신 이유는 죄 지은 우리를 바르게 살게 하기 위해서나 우리의 병을 고치시기 위해서가 아닙니다. 엄밀히 말해, 우리를 죄에서 건져내시기 위해서도 아닙니다. 예수님이 이 땅에 오신 이유는 하나님의 뜻을 이루시기 위해서입니다. 그 안에 위에서 말한 이유들이 다 포함되어 있습니다. 이러한 이유들은 예수님이 오신 필요조건은 되지만 충분조건이 되지 못합니다. 예수님이 이 땅에 오신 이유를 요한복음 6장 38절은 이렇게 말씀합니다. "내가 하늘에서 내려온 것은 내 뜻을 행하려 함이 아니요 나를 보내신 이의 뜻을 행하려 함이니라." 예수님이 베들레헴에 태어나시기 전에 이미 선지자들을 통해 예수님이 오실 것을 여러 번 예언하셨습니다.

예수님은 십자가에 달려 돌아가시기 직전에 겟세마네 동산에서 이렇게 기도하셨습니다.

> 내 아버지여 만일 할 만하시거든 이 잔을 내게서 지나가게 하옵소서 그러나 나의 원대로 마시옵고 아버지의 원대로 하옵소서(마 26:39).

예수님의 생애는 자신이 하고 싶은 것을 성취했던 생애가 아닙니다. 내 기분 내키는 대로, 내 생각이 미치는 대로, 하고 싶은 대로 살았던 삶이 아니었습니다. 그분의 의지는 항상 더 큰 하늘 아버지의 의지에 따라 결정되고 움직였습니다.

대한민국은 이 좁은 반도 안에 두 나라가 있습니다. 말도 생김새도 같은

데, 이념 때문에 아주 다른 나라가 되어 버렸습니다. 남북이 이 좁은 한반도 안에서 늘 긴장하고 충돌합니다. 이러한 갈등 상황을 보며 내 영적 상황을 생각합니다. 조그마한 가슴 안에 두 개의 의지, 생각, 소욕이 충돌합니다. 태어날 때부터 에덴동산의 아담과 하와에게서 물려받은 나의 옛 기질은 내 마음대로 하고 싶다고 소리칩니다. 내 마음대로! 그러나 내 안에 계신 성령은 주 뜻대로 해야 한다고 말씀하십니다. 내 가슴은 '내 마음대로'와 '주 뜻대로'가 계속 충돌하는 격전장입니다. "뜻이 하늘에서 이루어진 것 같이 땅에서도 이루어지이다"라는 기도는 "내 뜻을 접겠습니다. 아버지의 뜻대로 되기를 원합니다"라고 말하는 양도의 기도입니다.

사도 바울은 이런 우리 마음속 내면의 갈등을 이렇게 말합니다.

> 육체의 소욕은 성령을 거스르고 성령은 육체를 거스르나니 이 둘이 서로 대적함으로 너희가 원하는 것을 하지 못하게 하려 함이니라(갈 5:17).

어쩌란 말입니까? 16절은 이렇게 말씀합니다. "내가 이르노니 너희는 성령을 따라 행하라 그리하면 육체의 욕심을 이루지 아니하리라." 성령을 따라 행하라는 말은 주의 뜻이 내 뜻을 장악하도록 그 뜻 아래 내 뜻을 양도하라는 뜻입니다. 성령충만이란 그런 상태를 말하는 것입니다. 하나님의 뜻은 언제나 완전하고 완벽합니다. 그래서 하나님의 뜻에 내 뜻을 양도할 때 가장 행복하고 안전하며 자유롭습니다. 하나님의 뜻에 내 뜻을 굴복시키는 기도가 바로 이 기도입니다. 내 뜻대로 하고 싶을 때 "No"라고 말하고, 주님이 뜻대로 하기 원하실 때 "Yes"라고 말하는 그 양도가 육에 속한 성도를 성령에 속한 성도로 뒤집는 가장 중요한 지렛목입니다. 나는 우리 집 화장실, 거실, 주방에 이런 표어를 붙였습니다. "네, 그렇게 하겠습니다!" 그러나 표어와 관계없이 자주 나의 옛 기질이 기어 나오고, 하나님과 상관없이 내 마음대로 하고 싶을 때가 있습니다. 그럴 때마다 성령이 말씀하십니다. "성령을 따라 행하라. 하늘의 뜻에 네 뜻을 양도해라." 그때 "네, 그렇게 하겠습니다"라고 말하는 것이 얼마나 어려운 일인지요. 그래서 주님이 이렇게 기도하라고 말씀하신 것입니다. 이 작은 표어가 거실과 화장실과 주방이 아닌 내 마음 중심에 새겨질 수만 있다면, 나는 지금과는 아주 다른 사람이 될 것입니다. 예수님 안에서 참 자유를 날마다 풍성하게 누릴 수 있을 것입니다.

반대로 양도가 안 되면 오히려 주님을 알아갈수록 마음속 갈등이 더 심해집니다. 그런데도 많은 사람이 이 기도를 두려워하는 이유는 무엇일까요? 사기를 당했기 때문입니다. 사탄은 에덴동산에서 우리 인류의 조상인 아담과 하와에게 나타나 이렇게 속입니다. "동산에 있는 그 많은 열매를 먹지 말라고 했다 이거지? 정말이야, 그게?" 하나님을 피도 눈물도, 인정도 여유도 없는 깍쟁이, 폭군, 강도 두목, 강탈자, 내 기쁨의 상실자, 나를 노예로 삼아야만 직성이 풀리는 노예 주인으로 여기게 한 그 사기극으로 사탄은 온 인류를 하나님의 뜻이 아닌 자기 멋대로 사는 삶을 선택하게 하는 데 성공했습니다. 그것으로도 모자라 예수 그리스도 안에서 거듭난 성도들에게마저 사탄은 그 수천 년 수만 년 동안 썼던 방식을 똑같이 쓰고 있습니다. "하나님 마음대로 하시라고 잘못 말했다가 몹쓸 병이라도 걸리게 하시면 어쩌려고? 아프리카 사하라 사막으로 보내서 선교하라 하시면 어쩌려고? 네가 죽을 고생해서 산 그 집 팔아서 고아들에게 다 나누어주라고 하시면 어쩌려고?"

그래서 이 기도는 심각하고 부담스러우며 두려운 기도가 되었습니다. 속지 마세요. 사기당하지 마세요. 당신의 아버지는 그런 수준의 아버지이십니까? 당신은 그런 수준의 아버지입니까? 당신의 자녀가 와서 말합니다. "아빠, 이제는 내 마음대로 하지 않고 아빠가 기뻐하는 뜻대로 순종하며 살겠

어요." 그러면 '드디어 기다리고 기다리던 기회가 왔구나. 고아원에 팔아 버려야 되겠다. 그런 권리를 나에게 양도하다니!', '앵벌이를 시켜야겠다.' 이런 상황을 상상할 수 있습니까? 자기 자녀에게 그럴 아버지가 어디 있습니까? 아무리 상식이 부족하고, 괴팍한 아버지라도 이렇게 생각할 것입니다. '아, 이 아이가 나를 진짜로 신뢰하는구나. 내가 뼈가 부서져라 고생을 하더라도 우리 아이를 위해 최선을 다해야겠다.' 그것이 모자란 인간 아버지의 생각이라면, 어떻게 하나님이 그분의 뜻과 계획을 따라 살기 원하는 자녀의 삶을 착취하고 속박하며 노예로 부릴 거라고 생각할 수 있습니까? 그래도 의심이 됩니까? 내 양심과 인격을 걸고 말하고 싶습니다. 하나님은 당신을 사랑하십니다. 그 증거가 뭐냐고요? 지금까지 기도했는데 들어준 게 다섯 손가락 안에도 안 들 정도로 적다고요? 이것을 해달라고 해도 안 해주고 저것을 이뤄달라고 해도 하나님이 당신 말을 안 들어주신다고요?

속지 마십시오. 하나님 사랑의 증거는 기도 응답이 아닙니다. 하나님 사랑의 증거는 십자가입니다. 잠시 눈을 감고 하나님의 아들을 바라보십시오. 당신을 지으신 창조주가 골고다 십자가 위에서 붉은 피를 흘리며 당신을 구하기 위해 그 생명을 내려놓고 있습니다. 당신과 내가 영원히 당해야 할 그 엄청난 수치를 가려주기 위해 그분이 희생하셨습니다. 하나님과 상종할 수 없었던 우리를 하나님과 만나게 하시려고 하나님에게서 외면당하셨습니다. 당신과 하나님 사이의 끊어진 관계에 다리를 놓으시기 위해 십자가에서 돌아가셨습니다. 그 십자가의 희생을 보면서도 하나님이 나를 사랑하시는 사실을 의심할 수 있습니까? 십자가는 그 공간이 교회라는 것을 보여주는 장식품이 아닙니다. 로마서 5장 8절은 말씀합니다.

우리가 아직 죄인 되었을 때에 그리스도께서 우리를 위하여 죽으심으로 하나님께서 우리에 대한 자기의 사랑을 확증하셨느니라.

　내가 맷돌처럼 맴돌던 신앙생활을 청산하고 비행기 앞머리가 번쩍 들리듯이 이륙할 수 있었던 한 순간이 있었습니다. 그것은 주님 뜻에 내 뜻을 양도할 때였습니다. 허파 두 쪽을 잘라내고 죽고 살기를 반복하다가 살아났습니다. 그러나 목소리가 회복되지 않았습니다. 수술한 지 6개월 정도 지났지만 목소리가 나오지 않아 설교도 할 수도 없는 상황 앞에서 힘든 시기를 지나고 있었습니다. 그때 화성 앞바다 조그만 섬의 한 교회에서 부흥회를 해달라는 요청이 들어왔습니다. 아직도 몸이 설교할 만큼 회복되지는 않았지만 생명 걸고 가야겠다는 생각이 들었습니다. 그 추운 겨울, 바람막이 하나 없는 해변에 서서 나를 태우러 나올 작은 배를 기다렸습니다. 약속 시간보다 한 시간이나 늦게 나온 배에 오르자 칼바람을 이기지 못하고 가래가 솟구쳐 오르며 기침이 시작되었습니다. 내가 섰던 해변과 가야 할 섬은 메가폰을 들고 말하면 다 들릴 것 같은 가까운 거리여서 조금만 견디면 되겠거니 참고 있었습니다. 그러나 배는 내 생각에 5분이면 도착할 거리를 S자를 그리며 50여 분이 넘게 통통거리며 갔습니다. 배 앞전에서는 얼음이 쩍쩍 갈라지는데, 내 입에서는 가래와 꿰맨 수술자리가 터질듯한 기침이 계속 나왔습니다. 어쩌면 이것이 내 인생의 끝일지도 모르겠다는 위기감마저 들었습니다. 그러나 그 바다 한복판에서 이럴 수도 없고 저럴 수도 없었기에 긴장한 채 배를 모는 청년만 못마땅한 마음으로 바라보고 있었습니다. 섬 쪽을 향해 직진해야 할 배가 엉뚱한 방향으로 갈 때마다 마음속에 용암 같은 불만이 끓어올랐습니다. 그렇게 힘겨운 시간이 지나 선착장에 도착했을 때, 나는 안도의 눈길로 배가 돌아온 길을 자세히 되돌아보았습니다. 오, 주님! 우리가 돌고 돌아온 길은 배가 겨우 바닥을 긁으며 나아갈 수밖에 없는 물 흐르는 갯벌이었다는 것을 알게 되었습니다. 내 눈에는 사방이 다 물이었지만 물이 빠져나가는 시간이라 그 청년은 물 흐르는 갯골을 죽을힘을 다해 더듬어 겨우 선착장까지 날 데려다 준 것입니다. 1982년 1월, 그 선착장에서 저는 "주님께 제 삶을 양도합니다. 이제 제 동의 없이 제게 무슨 일을 하셔도 괜찮습니다"라고 주님께 약속했습니다. 그날 이후, 나는 자유인이 되었습니다. 나는 자유롭습니다. 나는 부유합니다. 지갑이 아닌 마음을 말하는 것입니다. 나는 담대해졌습니다. 죽어도 괜찮은 사람에게 무엇이 두려움이겠습니까? 주님이 불러 가셔도 행복할 사람에게 어떤 일이 불행이 되겠습니까? 예수님이 오신 것은 우리에게 생명을 얻게 하고 더 풍성히 얻게 하시려는 것(요 10:10)입니다. 주님의 뜻이 우리의 뜻을 장악하도록 양도할 때 그 풍성한 삶은 우리 것이 됩니다. 내 멋대로 살던 삶을 그분의 의지 아래에 굴복시킬 때, 우리의 인격과 삶이 완전히 달라집니다.

순종: 주님 뜻을 이뤄드리길

두 번째는 순종이라는 단어입니다. 여기서 순종은 "주님의 뜻을 이뤄드리겠습니다"라는 뜻입니다. 이 기도는 중동 지방의 사람들이 많이 쓰는 '인샬라'(Inshallah) 기도가 아닙니다. 중동 지방에는 인샬라 문화가 있습니다. 이 말은 아랍어로, 그 의미가 '신의 뜻이라면'입니다. 예를 들어 2시에 만나자고 약속을 합니다. 그런데 2시에 그 사람이 안 왔습니다. 전화를 해서 이유를 물으면 "인샬라"라고 말합니다. 내가 하나님이 아닌데 그걸 어떻게 지키냐는 겁니다. 약속을 깨는 아주 좋은 명분이 인샬라입니다. 비행기가 안 뜨는데 안내방송도 없습니다. 가서 항의하면 항공사 직원의 대답은 단순합니다.

"인샬라." 식당에 가서 밥을 시켰는데 밥이 안 나옵니다. 식당 종업원의 대답은 단순합니다. "인샬라."

그러나 주님의 뜻대로 되기 원하는 기도는 이처럼 소극적인 기도가 아닙니다. 오히려 적극적이고 능동적인 기도입니다. "뜻이 하늘에서 이루어진 것 같이 땅에서도 이루어지이다"라는 기도는 "천사들이 하나님의 뜻을 이루어드리기 위해 항상 기쁨으로 바르게, 적극적이고 능동적이며 열정적으로 순종하듯 저도 순종하기 원합니다"라는 뜻입니다. 예수님은 겟세마네에서 이렇게 기도하셨습니다. "내 아버지여 만일 할 만하시거든 이 잔을 내게서 지나가게 하옵소서 그러나 나의 원대로 마시옵고 아버지의 원대로 하옵소서." 예수님의 겟세마네 기도는 포기의 기도가 아니었습니다. "주님, 알아서 하세요. 죽이든지 살리든지 마음대로 하세요"라는 기도가 아니라 "주님, 저를 보내신 아버지의 뜻을 저는 반드시 이루기 원합니다. 사탄의 노예로 팔린 인류를 구원하기 위한 하나님의 놀라운 구원 계획을 이루어드리기 원합니다"라는 기도였습니다. 이것은 적극적이고 능동적이며 열정적인 기도입니다. 마귀와 세상의 반대에 대한 반역적이고 전투적인 기도입니다. 이것은 주님의 뜻을 이루어 드리기 원하는 능동적인 기도입니다. 예수님이 가르쳐주신 이 기도를 할 때 우리도 혁명적인 기도를 하는 것입니다. 죄로 말미암아 뒤집힌 내 인격과 삶, 가정, 부조리한 현실을 개조하고 없는 현실을 창조하는 공격적이고 전투적인 기도가 바로 이 기도입니다.

그림이 선명하게 그려지지 않는다면, 다윗을 한번 만나보십시오. 다윗이 요새에 있을 때 저 멀리 아득하게 고향 땅이 내려다보였습니다. 날은 덥고, 마음은 답답합니다. 다윗은 푸념처럼 넋두리를 합니다. "저기 내 고향 베들레헴의 찬 우물물이 참 시원했는데…" 옆에 있던 측근들이 그 작은 넋두리를 들었습니다. 그날 밤, 그들은 목숨을 걸고 블레셋 군사들의 진을 지나서 그

우물물을 떠옵니다. 감동한 다윗은 도무지 물을 마실 수 없어서 그 물을 여호와 앞에 다 쏟아 붓습니다. 사령관의 소원을 이루어주기 위해 자신의 생명을 돌아보지 않고 물을 뜨러 간 그들의 피와 같은 물을 마실 수 없었기 때문입니다. 사령관의 마음을 알고 그를 기쁘게 하려고 목숨 걸고 순종한 그 용사들의 마음이 바로 이 기도가 요구하는 태도입니다.

하나님의 뜻이 내 뜻을 장악할 때 진정으로 하늘 왕의 계획을 내 삶에 실현할 의지와 열정, 동력을 얻게 됩니다. 당신의 가정이 하나님의 놀라운 계획을 이루는 하늘의 대사관이 되기를 원한다면 이렇게 기도해야 합니다. "주님의 뜻이 하늘에서 이루어진 것처럼 이 땅에서도 이루어지기를 원합니다."

> **주기도를 내 기도로 변환하기**

"뜻이 하늘에서 이루어진 것 같이
땅에서도 이루어지이다"

1단계 주님의 뜻에 내 뜻을 굴복시키고 주님의 뜻이 나를 통해 이루어지기를 원하는 마음으로 아래를 향해 쫙 편 오른손 위에 왼손을 덮으십시오. 그리고 하나님께 고요히 말씀드리십시오. "뜻이 하늘에서 이루어진 것 같이 땅에서도 이루어지이다."

잘하셨습니다. 그것만으로도 훌륭한 기도입니다. 그러나 한 발자국 더 나아가야 합니다. 이제 2단계로 가십시오.

2단계 오른손은 내 손, 왼손은 주님 손이라 상상하면서 그분의 의지가 내 의지를 장악하는 느낌을 확인하십시오. 이제 그 상태로 눈을 감고 날줄기도를 고백하십시오. "주님 뜻이 이루어지길. 주님 뜻을 이뤄드리길."

훌륭합니다. 이제 당신의 기도는 제대로 된 틀을 갖추기 시작하였습니다. 그러나 당신의 기도답게 좀 더 살이 붙기를 바란다면 이제 3단계로 가십시오.

3단계 1단계의 손 모양을 유지한 채 눈을 감고 두 개의 날줄기도에 간단한 씨줄기도를 엮어보십시오. "주님 뜻이 이루어지길, 어떤 일이 어떻게…", "주님 뜻을 이뤄드리길, 어떤 일을 어떻게…"

일단 정지! 잠시 책을 내려놓으십시오. 지금은 주기도를 내 기도로 변환하는 연습을 하는 시간입니다. 짧고 간단하게라도 자신만의 기도 카펫을 짜보십시오.

보십시오, 당신도 기도할 수 있지 않습니까? 주기도가 당신의 기도로 변환되고 있습니다. 짧은 시간에 당신은 크리스천 기도의 기본형을 배운 것입니다. 이 기본형이 몸에 익을 때까지 4단계는 접어두십시오. 3단계가 익숙해졌을 때 4단계에 도전해보십시오.

4단계 주기도의 날줄기도에 당신의 씨줄기도를 더 풍성하고 실제적으로 결합하는 연습을 하십시오. 십자가로 나누어지는 4관계(하나님과의 관계, 자신과의 관계, 이웃[가정, 교회, 일터]과의 관계, 세상과의 관계[자연세계, 국가와 세계, 예수님 모르는 사람들]) 순으로 돌아가며 하나님의 뜻이 이루어지길, 하나님의 뜻을 이루어드릴 수 있기를 기도하십시오. 당신의 말로 기도를 적으십시오. 글씨로 쓸 때 집중력이 높아지고 생각도 더 명확하게 정리됩니다.

"주님 뜻이 이루어지길. 주님 뜻을 이뤄드리길."

1 **기본적이고 일반적인 기도**

○ 내 뜻이 아닌 주님의 뜻이 이루어지길 기도하십시오.(눅 22:42).

- 주의 뜻을 이루는 일을 충성스럽게 감당하도록 기도하십시오(요 4:34, 잠 25:13).

○ 생각나는 성경 구절이나 성경 이야기

- 떠오르는 찬송이나 찬양

2 상황적이고 개인적인 기도

○ 하나님과의 관계에서

- 하나님과의 관계에서 개선할 영역들을 두고 기도하십시오.

- 하나님 앞에서 순종하지 못하고 갈등한 문제들을 두고 기도하십시오.

- 자신과의 관계에서

• 오늘 해야 할 일, 풀어야 할 과제들을 두고 기도하십시오.

• 개인적인 중·장기 목표들을 두고 기도하십시오.

○ 공동체와의 관계에서

• 가정: 가정이 당면한 문제들을 위해 기도하십시오.

• 교회: 교회 지도자와 교회가 직면한 문제들을 위해 기도하십시오.

• 일터: 직장, 학교 등이 직면한 문제들을 위해 기도하십시오.

- 세계와의 관계에서

• 국가: 국가 지도자와 국가 현안들을 위해 기도하십시오(딤전 2:1하~2상).

• 세계: 곤경에 처했거나 재난당한 세상 사람들을 위해 기도하십시오.

• 세계: 알고 있는 선교사님들을 위해 기도하십시오.

6

오늘 우리에게

일용할 양식을 주시옵고

어느 날 새벽, 불현듯 내 기도를 하나님 입장에서 듣고 싶은 호기심이 생겼습니다. 그래서 스마트폰의 녹음 기능을 켜놓은 채 기도를 했습니다. 그리고 녹음된 기도를 다시 들어보았습니다. 내가 어떤 기도를 하고 있는지 궁금했기 때문입니다. 녹음을 듣고 기도를 문장으로 적었을 때 가장 많이 등장한 말이 무엇인 줄 아십니까? 바로 '아버지'와 '주옵소서'라는 말이었습니다. 이 두 말을 합친 '아버지 주옵소서'가 내 기도의 주된 내용이었습니다. 지혜를 주시고, 건강을 주시고, 위로를 주시고, 용기를 주시고, 양심을 주시고, 용서해주시고, 회복시켜주시고, 도와주시고, 주시고 주시고 주시고…

우리가 자녀로서 아버지이신 하나님께 달라고 기도하는 것은 거지 같은 행동이 아닙니다. 지나가는 사람에게 달라고 하는 것은 구걸입니다. 그러나 자기 아버지에게 달라고 하는 것은 자녀의 권리인 동시에 아버지의 영광입니다. 그래서 우리 하나님께 무언가를 달라고 요청할 때 그것은 하나님께도 우리에게도 영광이 됩니다. 우리는 거지가 아니고 하늘의 왕이 주시는 하사품을 받는 천국 백성이라는 뜻이기 때문입니다. 그래서 성경은 이렇게 말씀합니다.

> 그러므로 우리는 긍휼하심을 받고 때를 따라 돕는 은혜를 얻기 위하여 은혜의 보좌 앞에 담대히 나아갈 것이니라(히 4:16).

그럼에도 초신자 시절 "아버지, 주옵소서"라는 기도는 내게 아주 불편하고 부담스러운 기도였습니다. 스무 살 때 처음 교회를 나와서 사람들의 기도를 듣는데 모두 똑같은 말을 쓰고 있었습니다. "주옵소서, 주옵소서, 주옵소서." 나는 생각했습니다. '이 사람들은 왜 거지처럼 자꾸 뭘 그렇게 달라는 거야? 제힘으로 해결하면 될 걸 왜 이렇게 도와달라고 하는 거야? 병원에 가면 되지 왜 병을 고쳐달라고 해?' 혹시 이 글을 읽고 있는 당신도 속으로 이런 생각을 해본 적이 없는지 모르겠습니다. 그렇다면 이 장은 당신을 위한 내용입니다.

믿음의 뿌리가 조금씩 내리기 시작하면서 나는 사람들이 땅에서의 필요들을 채워달라고 기도할 때마다 마음으로 멸시했습니다. 적어도 고매한 인격이나 애국 시민이 되기를 구하거나, 조국 통일과 세계 평화를 달라고 기도해야 하는 게 아닌가 하는 생각이 들었습니다. 나는 먹을 것, 입을 것, 집을 달라고 하는 저차원적인 기도는 하지 않겠다고 마음먹었습니다. 그래서 나는 내가 생각한 틀 안에 들어가는 기도, 내가 하나님이라도 들어줄 만한 수준의 합리적인 기도, 누구에게 말해도 고개를 끄덕일 고상하고 객관적인 내용으로 기도하느라 마음고생이 많았습니다.

왜 나는 이 땅의 필요를 구하는 기도를 유치하다고 생각했을까요? 고통스러운 현실의 쓴맛을 보지 못했기 때문이었습니다. 그러던 어느 날, 나는 사람들이 무슨 내용으로 기도하든 '주옵소서'라고 하는 기도가 얼마나 중요하고 절실한지 배우게 되었습니다. 허파 수술을 하고 중환자실에서 삶과 죽음의 경계선을 넘나들면서 내가 가장 절박하게 했던 기도는 "주님, 가래 좀 잘 나오게 도와주세요"였습니다. 딴 사람들은 하지도 않을 기도를 나는 누구보다 간절하게 했습니다. 우리가 얼마나 주제를 모르고 사는지요. 웬만한 건 다 내가 처리할 힘이 있는 것처럼 말하며 얼마나 주제를 모르고 사는지요.

하늘 복을 주옵소서, 땅의 복을 주옵소서

'주옵소서' 기도에서 나를 완전히 자유롭게 해준 것이 바로 크리스천 기도입니다. 주기도를 내 기도로, 내 기도를 주기도로 활용하면서부터 나는 자유로운 간구자가 되었습니다. 크고 작은 문제, 하늘과 땅에 속한 문제, 영과 육에 속한 문제, 천국과 이 땅의 문제를 비롯해 어떤 주제와 안건, 필요를 하나님께 자유롭게 아뢸 수 있습니다. 그리고 하나님이 내 기도를 접수하셨다는 확신을 갖고 기도할 수 있습니다. 죄송하고 부끄러운 마음으로 하나님께 나가는 게 아니라, "아빠, 등록금 주세요, 엄마, 밥 주세요"라고 말하며 마치 내가 맡겨둔 것을 요구하듯 당당하게 간구할 수 있는 담대함이 생겼습니다. 매일 아침 기도 시간마다 나는 이 말씀으로 기도를 마무리합니다.

> 그를 향하여 우리가 가진 바 담대함이 이것이니 그의 뜻대로 무엇을 구하면 들으심이라 우리가 무엇이든지 구하는 바를 들으시는 줄을 안즉 우리가 그에게 구한 그것을 얻은 줄을 또한 아느니라(요일 5:14-15).

나는 하나님께 자유롭게 구할 수 있습니다. 더불어 내가 원하는 때에 내가 원하는 방식으로 응답하지 않으시는 결과에 대해서도 자유로울 수 있는 기도를 배우게 되었습니다.

세대로교회는 초기에 서울 행당동의 한 유치원 지하실에서 1년간 모였습니다. 성도가 점점 늘자 아파트 부녀회를 중심으로 동네를 떠나라는 엄청난 저항이 일어났습니다. 떠나지 않으면 유치원에 압력을 넣겠다고 위협하기도 했습니다. 그 지역에 공간을 달라고 간절히 기도하며 주변을 돌아보았지만 마땅한 건물도, 또 감당할 만한 재원도 없었습니다. 하나님은 우리가 원하는 방식으로 응답하지 않으셨습니다. 우리는 계속 여기가 막히면 하나님이 더 좋은 곳을 주실 거라고 서로 격려하며 'No'로 응답된 기도를 기뻐했습니다. 며칠 뒤 주님은 잠실의 한 학교 강당을 우리의 모임 장소로 열어주셨습니다. 행당동의 그 아파트 숲을 지나갈 때마다 나는 하나님이 내 생각과 방법대로 응답하지 않으신 것에 기뻐하며 감사합니다. 내가 기도한 것에 하나님이 어떤 방식으로 응답하시든 관계없는 자유, 내 기도는 반드시 하늘로 흡수된다는 확신, 주님 앞에 무슨 문제든지 담대하게 기도할 수 있다는 든든함은 주기도를 내 기도로 붙들게 된 이후 누리는 엄청난 축복입니다.

주님은 "오늘 우리에게 일용할 양식을 주시옵고"라고 기도하라고 말씀하셨습니다. 요한 웨슬리는 여기에서 일용할 양식이란 영혼과 육신에 필요한 모든 것이라고 설명합니다. 단순히 육적 양식만을 말하는 게 아닙니다. 이는 우리의 영적·육적 필요, 정서적·도덕적 필요처럼 이 땅에서 살아갈 때 필요한 자원을 모두 의미합니다.

필요를 구할 때 확인할 세 가지

자유롭게, 확신을 갖고 담대하게 주님께 '주옵소서' 기도를 하기 원한다면 세 가지를 생각해야 합니다. 무엇을 구하든 이 세 가지를 확인하고 점검하십시오. 기억하기 쉽도록 낚시도구 하나를 비유로 들고 싶습니다. 삼봉낚시를 마음에 그려보십시오. 낚시 바늘이 하나면 단봉이라 부르고, 낚시 바늘 두 개가 서로 등지고 붙어 있으면 쌍봉이라 부릅니다. 낚시 바늘 세 개가 각기 다른 방향을 보고 한데 붙어 있으면 삼봉낚시라고 부릅니다. 메기처럼 입이 큰 물고기를 낚을 때 이 삼봉낚시를 씁니다. 하나님께 무엇을 구하든 좋습니다. 무엇을 구하든 이 삼봉낚시에 다 엮이는 기도라면 그것은 주님이 반드시 들으시고 응답하십니다. 그 세 갈고리를 하나씩 살펴보도록 하겠습니다.

첫째, 목적을 생각하고 확인하며 점검하십시오. 왜 그것을 달라고 하는지 생각해야 합니다. 일용할 양식을 구하는 목적을 상상하십시오. 그 목적을 확인하고 점검하는 것은 우리의 간구에 확신을 줍니다. 우리가 산도라고 부르는 샌드위치 비스킷이 있습니다. 중간에 달고 부드러운 크림을 넣어 위아래의 뻑뻑한 과자를 부드럽게 먹을 수 있게 만듭니다. 주기도를 산도에 비유한다면, "우리에게 일용할 양식을 주옵시고"라는 기도는 과자 사이에 넣은 맛있는 크림과 같습니다. 그러나 이 기도는 주기도문의 중간에 끼어 있는 기도이지, 맨 위에 있는 기도가 아닙니다. 이 기도 앞에 세 마디 기도가 있다는 것을 잊어서는 안 됩니다. "하나님이 영광을 거두시고 하나님 나라가 임하시며 하나님 뜻이 내 삶과 가정, 교회와 사회에 이루어지기 원합니다"라고 하는 것이 일용할 양식을 구하는 이유이며 목적입니다. 주기도문 앞에 나타난 세 가지 간구를 감당할 자원으로써 양식을 구하라는 뜻입니다. 그러나 아이들이 산도를 먹다가 배가 부르면 위아래의 뻑뻑한 과자 말고 크림만 파먹고 싶어 하듯, 앞뒤 없이 "일용할 양식을 주옵소서"만 외칩니다. 그렇게 표현은 하지 않지만 내심 "앞뒤에 있는 것들은 나와 별 상관없습니다. 하나님의 이름, 나라, 뜻… 이런 거창한 주제는 내 관심사가 아닙니다. 그러니 그냥 주옵소서. 조건 달지 말고 주옵소서. 그냥 내가 원하는 대로 주옵소서. 장수의 복도 주시고 그때까지 쓸 돈 복도 주시고, 늙어 외롭지 않도록 자녀가 잘되는 복도 주옵소서" 하는 게 바로 기복주의 기도입니다. 기복주의 기도와 바른 기도의 차이는 간구하는 제목이나 내용, 주제에 있지 않습니다. 만약 하나님 나라와 그분의 영광을 이 땅에 펼치기 위해 우리가 구한다면 그것이 무엇이든지 하늘 정부에서 조달받아야 할 보급을 요구하는 것입니다. 그러나 그저 나를 위해 산도의 크림만 파먹듯 일용할 양식을 달라고만 한다면 그것은 기복주의 기도입니다. 많이 구하지만 응답받지 못하는 이유가 바로 이것입니다. 목적이 잘못되었기 때문입니다. 야고보서 4장 2-3절은 이렇게 말씀합니다.

> 너희가 얻지 못함은 구하지 아니하기 때문이요 구하여도 받지 못함은 정욕으로 쓰려고 잘못 구하기 때문이라.

이것은 성적인 죄를 지으려고 잘못 구한다는 뜻이 아닙니다. 여기에 정욕이라는 말은 곧 자기중심을 뜻합니다. 우리가 구해도 받지 못하는 것은 자신의 이기적인 욕심, 하나님이나 이웃과도 상관없는 오직 나 자신의 욕심을 채우기 위해 구하기 때문이라는 것입니다.

잘 생각해봅시다. 우리나라 역사를 통틀어 지금처럼 부요한 때는 없었습니다. 그러나 지금보다 더 불만족이 많았던 때도 없습니다. 사람들의 마음에 있는 한 가지 소원은 '조금 더'입니다. 조금 더 넓은 집, 조금 더 좋은 음식, 조금 더 큰 차, 조금 더 많은 돈… 그래서 우리는 한도 끝도 없는 불안감과 불만족에 시달립니다. 많이 구하는 게 잘못이 아닙니다. 큰 사업하는 사람이 은행에 30억을 빌려달라고 한들 그것이 크겠습니까? 다리 하나를 놓기 위해 중앙 정부에 수천억을 요구한다고 그것이 많은 돈이겠습니까? '많이 구하는가'가 아니라 '왜 구하는가'가 중요합니다. "주여, 건강을 주옵소서." "왜?" "하나님이 주신 직장에서 힘 있게 일하여 하나님의 이름을 드러내기 위해 건강이 필요합니다." "하나님, 이 일이 기적같이 풀리게 해주세요." "왜?" "저를 바라보는 수많은 미래 신자들에게 하나님이 지금도 살아서 제 삶을 주장하시는 것을 보여주기 위해서입니다." "하나님, 제게 좀 더 큰 차가 필요합니다." "뭐하려고?" "내가 전도한 두 아이를 교회에 태워가야 하는데 지금 모는 차로는 위험합니다."

당신의 요청과 하늘의 계획이 어떻게 연결되는지 확인하는 게 중요합니다. 무엇을 구하든 하나님의 목적과 연결하는 습관을 가지십시오. 하나님의 목적과 연결이 안 된다면 그 기도는 낭비입니다. 그 즉시 기도를 중단하십시오. 연결이 되면 앞뒤 재지 말고 주 앞에 아뢰십시오.

둘째, 공동체를 생각하며 공동체에 유익이 되는 기도인지 점검하십시오. 오늘 '나에게' 일용할 양식을 달라는 기도를 하라고 말씀하지 않으셨습니다. 오늘 '우리에게' 일용할 양식을 달라는 기도를 하라고 말씀하셨습니다.

어떤 사람이 꿈속에서 지옥에 갔습니다. 지옥에 갔는데 넓게 펼쳐진 푸른 초원에 산해진미가 차려져 있었습니다. 그는 깜짝 놀랐습니다. 그런데 더 놀라운 것은 지옥에 사는 사람들이 그 산해진미를 놓고도 뼈만 남아 전부 굶어 죽게 된 것이었습니다. 모든 사람이 앙상한 몰골로 분노하고 원망하며 서로를 정죄하며 싸우고 있습니다. 그 이유를 살펴보니 숟가락 때문이었습니다. 기다란 숟가락이 손바닥에 딱 붙어 있는 게 문제였습니다. 사람의 키 만한 숟가락으로 밥을 먹으려니 정작 음식이 입으로는 들어가지 않고 주위 사람들의 머리를 후려치게 되어 화가 나서 숟가락으로 서로 싸우고 때리느라 아무도 먹을 수가 없었습니다. 그렇게 산해진미는 매번 낭비되고 있었습니다.

그런데 꿈은 계속되어 이번에는 또 천국에 가게 되었습니다. 천국도 지옥처럼 넓게 펼쳐진 푸른 초원 위에 끼니마다 산해진미가 차려지고 있었으며, 사람들의 손바닥에 기다란 숟가락이 붙어 있었습니다. 천국은 지옥과 상황이 다르지 않았습니다. 그러나 천국에 있는 사람들의 얼굴에는 윤기가 흘렀고 모두 건강했습니다. 모든 사람이 만족스럽게 밥을 먹고 행복하게 살았습니다. 왜 그런가 했더니, 서로 밥을 퍼서 상대에게 먹여주는 것이었습니다. 너무 좋은 방법을 발견한 이 사람이 다시 지옥에 가서 지옥 사람들을 모아놓고 설교를 했습니다. "여러분, 이제 자기 입으로 음식을 가져가려 하지 말고 다른 사람들의 입에 넣어주려고 하십시오." 그랬더니 사람들이 다 고개를 저었습니다. "그럴 수 없소." "왜 그럴 수 없습니까?" "내가 다 퍼줬는데 저 사람이 나에게 자기 것을 준다는 보장이 어디에 있소?"

이런 것을 영어로 '소구유의 개'(dog in the manger)라고 합니다. 자기에게 쓸모없어도 남이 쓰려면 방해하는 심술쟁이라는 관용어입니다. 지옥의 특성이 그렇습니다. 나에게는 쓸모없는 것이라도 남이 쓰는 것은 아까워 못 주는 것입니다. 지옥 사람들의 공통적인 특성은 하나님도 다른 사람도 마음에 들어올 여유가 없는 것입니다. 오직 자기 자신을 위해 구할 뿐입니다. 우리는 그렇게 살거나 기도해선 안 됩니다. 당신이 정말 하나님이 축복하시는 풍성한 삶을 원한다면 다른 사람을 많이 축복해야 합니다.

믿음의 조상 아브라함이 그랄 지방에 가게 되었습니다. 약속의 땅에 흉년이 너무 심하게 들었기 때문입니다. 그런데 아브라함에게 고민이 하나 생겼습니다. 그의 아내 사라가 너무 예쁜 것입니다. 성경학자들의 설명에 의하면 이 때 사라의 나이가 일흔여섯 살쯤 되었다고 합니다. 일흔 살이 넘은 할머니가 얼마나 품위 있고 아름다웠던지, 그랄 지방 모든 남자의 눈이 다 돌아가 버렸습니다. 아브라함은 아내와 부부가 아닌 오누이 행세를 하여 혹시나 모를 위험에서 벗어나려고 했습니다.

결국 염려 그대로 사라는 그 지방 뭇 남자들의 화두가 되었고, 아비멜렉 왕에게까지 그 소문이 전해졌습니다. 아비멜렉은 품위 있고 우아한 사라를 첩으로 삼겠다며 데리고 가버렸습니다. 그런데 그날 밤 하나님이 아비멜렉에게 나타나셔서 그를 책망하셨습니다. "그 여인에게 손도 대지 마라. 손대면 너는 죽는다. 그 여인에게는 남편이 있다." 이 일로 말미암아 그랄 지방의 모든 여자가 아기를 갖지 못하게 됩니다. 그때 아비멜렉이 아브라함에게 기도해달라고 간청합니다. 아브라함이 기도하자 그랄 지방의 모든 여인의 태가 열려 임신이 가능해졌습니다. 그러나 정작 자신에게는 아직 아이가 없었습니다. 그러나 때가 되자 하나님이 아흔 살이 된 사라의 몸에서 아이가 태어나게 하십니다. 남을 위해 기도할 때, 마치 내 일처럼 축복하며 기도하십시오. 그에게 합당하지 않은 복은 당신에게 돌아옵니다. 이것은 예수님의 말씀입니다.

어느 집에 들어가든지 먼저 말하되 이 집이 평안할지어다 하라 만일 평안을 받을 사람이 거기 있으면 너희의 평안이 그에게 머물 것이요 그렇지 않으면 너희에게로 돌아오리라(눅 10:5-6).

그렇다고 그에게 합당하지 않으면 다 자신에게 돌아오기를 바라며 남에게 필요도 없는 기도를 하고 축복하는 것은 정욕입니다. 첫째 갈고리에 걸리지 않는 정욕입니다. 중심으로 그를 사랑하는 마음으로 그에게 복을 빌어주십시오. 형제를 위해 축복하십시오. 그들을 위해 기도하십시오. 하나님을 가장 앞에 두고 그다음으로 남을 위해 기도하는 사람에게 하나님이 최상의 것으로 갚아주십니다.

셋째, 자신이 하나님을 신뢰하는지 생각하고 확인하며, 점검해야 합니다. 빌립보서 4장 19절은 놀라운 약속을 제시합니다.

나의 하나님이 그리스도 예수 안에서 영광 가운데 그 풍성한 대로 너희 모든 쓸 것을 채우시리라.

하나님은 우리의 모든 쓸 것을 풍성하게 채우신다고 약속하셨습니다. 그것을 통해 하나님의 영광과 공급하시는 하나님의 손을 보도록, 영광 가운데 우리 아버지가 채워주시겠다고 약속하셨습니다. 그런 약속이 있는데 왜 기도해야 할까요? 기도하는 조건 없이도 우리의 필요를 채워주신다고 약속하지 않으셨습니까? 실제로 기도를 해야만 우리의 필요가 채워지는 것은 아닙니다. 부모님이 어린 자녀가 때마다 "밥 주세요"라고 말을 해야만 밥을 줍니까? "옷 사주세요"라고 해야만 옷을 사줍니까? 부모는 자녀가 요구하지 않아도 필요한 것들을 챙겨줍니다. 하물며 하늘에 계신 아버지가 기도하지 않으면 아무것도 주시지 않는다고 생각할 수 있습니까? 이것은 하나님을 위한 기도가 아닙니다. 하나님께 우리의 필요를 통보하는 기도도 아닙니다. 이 기도는 청구서 기도가 아닙니다. 우리가 그렇게 하지 않아도 하나님은 지금까지 우리를 먹여 살리셨습니다. 레스토랑에 가보십시오. 일용할 양식을 달라고 기도도 안 하는데 비싼 스테이크 먹는 사람이 얼마나 많습니까? 그렇다면 우리는 왜 기도해야 할까요? 바로 우리를 위해서입니다.

일용할 양식을 달라고 기도하지 않으면 우리가 망가집니다. 일용할 양식을 주옵소서라고 기도하지 않으면 주어진 축복을 당연한 것으로 여기게 됩니다. 당연한 것으로 여기다 보면 곧바로 나 스스로 내 삶을 책임질 수 있는 존재가 된다고 착각합니다. 그다음에는 하나님 없이도 얼마든지 내 필요를 채울 수 있다는 자기기만에 빠지게 됩니다. 이때부터 우리는 하나님이 필요 없는 인생을 살게 됩니다. 그게 죽음의 길입니다. 그 때부터 우리는 불안에 빠집니다. 그 때부터 우리는 우울해지고, 절망에 빠집니다. 그러므로 이 기도의 목적은 우리가 필요로 하는 것을 하나님께 알리는 통보가 아니라 하나님을 기억하기 위한 것입니다. 하나님은 주인이시며 내가 쓰고 필요로 하는 모든 것이 그분 손안에 있고, 그분의 그 풍성한 축복을 내 것으로 누리는 방법은 거저 주시는 그분의 은혜를 선물로 받는 것뿐이라는 사실을 기억하기 위해 이 기도를 하는 것입니다.

혹시 이런 생각이 들지는 않습니까? '내가 아침부터 저녁까지 열심히 일해서 번 돈으로 빵을 샀는데, 이게 어떻게 하나님의 은혜야?' 좀 더 눈을 크게 뜨십시오. 그 빵을 만든 밀가루는 어디서 나왔습니까? 밀에서 나왔습니다. 그 밀은 어디에서 나왔습니까? 밀 줄기에서 나왔습니다. 밀 줄기가 열매를 맺을 수 있도록 자라게 한 햇빛과 비, 산소는 어디서 왔습니까? 바로 하나님이 주셨습니다. 당신이 지불한 것은 밀에 대한 가공비일 뿐입니다. 하나님은 밀이라는 생명의 값을 우리에게 요구하지 않으셨습니다. 값없이 주셨습니다. "일용할 양식을 주시옵고"라는 기도를 하는 이유는 내 필요를 채우는 모든 것의 주인은 하나님이시라는 사실을 기억하기 위해서입니다. 하나님이 나를 책임지신다는 사실을 기억하는 것입니다. 이것이 만나의 원리입니다. 만나는 매일 내렸습니다. 광야 생활 동안 이스라엘 사람들은 만나를 먹고 살았습니다. 만나는 입을 벌리면 저절로 떨어지는 양식이 아니었습니다. 아침에 일어나 밖에 나가 줍는 수고를 감당해야 했습니다. 그러나 이틀 치 만나를 거두어서는 안 됩니다. 많이 거두어도 남은 것이 없고 적게 거두어도 모자라지 않았습니다. 그날의 양식을 구했지 3년 치, 10년 치 양식을 구하거나 후대에 물려줄 양식을 구하지 않았습니다. 우리가 불안하고 만족하지 못하는 이유는 바로 하나님에 대한 불신 때문입니다. '10년 후에 혹시 그 이후에 하나님이 어떻게 하실까?' 그때 안 도와주실 경우를 대비해야겠다는 생각을 갖기 때문에 늘 불안해하며 불평합니다.

세 가지를 생각하고 확인하고 점검하며 기도하십시오. 이것이 하나님의 목적을 위한 것인가? 이것이 공동체를 위한 것인가? 이것이 주님이 내 공급자이심을 인정하는 기도인가? 이때 우리는 자유롭게, 확신을 갖고 담대히 기도할 수 있습니다.

> 주기도를
> 내 기도로
> 변환하기

"오늘 우리에게 일용할 양식을 주시옵고"

1단계 하나님이 영과 육의 필요를 채우지 않으시면 나는 살 수 없는 존재라는 것을 겸손히 표현하는 '주세요 손'을 만들되, 땅의 복을 상징하는 오른손 위에 하늘의 복을 상징하는 왼손을 위에 올려놓으십시오. 그리고 마음의 소원을 담아 하나님께 말씀드리십시오. "오늘 우리에게 일용할 양식을 주시옵고."

잘하셨습니다. 그것만으로도 훌륭한 기도입니다. 그러나 한 발자국 더 나아가야 합니다. 이제 2단계로 가십시오.

2단계 '주세요 손'을 유지한 채, 눈을 감고 날줄기도를 고백하십시오. "하늘 복을 주옵소서. 땅의 복을 주옵소서."

훌륭합니다. 이제 당신의 기도는 제대로 된 틀을 갖추기 시작하였습니다. 그러나 당신의 기도답게 좀 더 살이 붙기를 바란다면 이제 3단계로 가십시오.

3단계 '주세요 손'을 유지한 채, 눈을 감고 두 가지 날줄기도에 간단한 씨줄기도를 엮어보십시오. "하늘 복을 주옵소서, 무슨…", "땅의 복을 주옵소서, 무슨…"

일단 정지! 잠시 책을 내려놓으십시오. 지금은 주기도를 내 기도로 변환하는 연습을 하는 시간입니다. 짧고 간단하게라도 자신만의 기도 카펫을 짜보십시오.

보십시오, 당신도 기도할 수 있지 않습니까? 주기도가 당신의 기도로 변환되고 있습니다. 짧은 시간에 당신은 크리스천 기도의 기본형을 배운 것입니다. 이 기본형이 몸에 익을 때까지 4단계는 접어두십시오. 3단계가 익숙해졌을 때 4단계에 도전해보십시오.

4단계 주기도의 날줄기도에 당신의 씨줄기도를 더 풍성하고 실제적으로 결합하는 연습을 하십시오. 하나님의 영광, 하나님의 다스림, 하나님의 뜻을 이루기 위해 필요한 복을 구하되, 우선 영적인 복을 구하고 후에 땅의 복을 구합니다. 당신의 말로 기도를 적으십시오. 글씨로 쓸 때 집중력이 높아지고 생각도 더 명확하게 정리됩니다.

"하늘 복을 주옵소서. 땅의 복을 주옵소서."

1 기본적이고 일반적인 기도

○ 하늘 복을 주옵소서.

- 성령충만(요 15:5, 롬 8:5-8)
- 성령의 열매(갈 5:22-23)
- 성령의 능력(막 16:20)
- 성령의 인도와 가르침(요 16:13)

● 땅의 복을 주옵소서.

- 건강한 육체(고전 6:13하)
- 건강한 지성(빌 4:8)
- 건강한 감성(갈 5:22-23)

- 건강한 사회성(고전 13:4–7)

- 건강한 도덕성(행 24:16)

- 건전한 경제력(잠 30:8하–9)

○ 생각나는 성경 구절이나 성경 이야기

● 떠오르는 찬송이나 찬양

2. **상황적이고 구체적인 기도**

○ "주님의 뜻을 이루기 위해서는 _____한 영적인 은혜가 제게 필요합니다."

- "주님의 뜻을 이루기 위해서는 제게 _____한 육체적, 물질적인 은혜가 필요합니다."

○ "주님의 뜻을 이루기 위해 제가 _____를 돕기 위해 _____ 할 수 있는 은혜를 주십시오."

7

우리가 우리에게 죄 지은 자를

사하여 준 것 같이

우리 죄를 사하여 주시옵고

세상에서 가장 무서운 것이 무엇이라고 생각합니까? 세상에서 가장 무서워해야 할 것이 무엇이라고 생각합니까? 마귀? 핵폭탄? 암? 죽음? 가난? 심혈관 질환? 치매? 따지고 보면 이 세상만사 어느 하나 무섭지 않은 게 없습니다. 그러나 가장 두려운 것은 바로 '죄'입니다. 이 땅의 모든 불행과 비참함의 원인은 죄입니다. 죄가 모든 고통의 원천입니다. 죄가 사라지면 비참함과 불행도 사라질 것입니다. 한평생 가장 두려워하고 미워하며 멀리해야 할 것이 있다면 그것은 죄입니다.

죄를 좋아하는 사람은 단 한 사람도 없습니다. "당신은 죄인입니다"라고 말하면 기분 좋을 사람은 없을 것입니다. 문제는 다들 죄를 싫어하면서도 죄를 짓는다는 것이고, 죄를 미워하면서도 죄를 짓지 않을 수 없다는 것입니다. 이런 말이 있습니다. "세상에는 두 종류의 사람이 있다. 죄를 지은 사람과 아직 죄를 지을 기회를 얻지 못한 사람이다." 죄를 짓지 않은 척하고 숨기는 것뿐이지, 죄를 짓지 않는 사람은 지구상에 단 한 명도 없습니다. 우리가 영안실에 들어가는 날까지 죄는 우리의 동반자로 실재합니다.

온 세상이 죄로 가득합니다. 오늘 세차해서 깨끗한 차를 바깥에 세워두더라도 중국에서부터 날아온 황사가 뽀얗게 쌓입니다. 오늘 아무리 깨끗하게 몸을 씻어도 내일이면 또 더러운 먼지가 몸에 붙습니다. 외부적인 요인이 그렇습니다. 사탄은 거미처럼 어떻게 해서라도 우리를 죄로 끌어들이려고 사방에 거미줄을 쳐둡니다. 이 거미줄에서 자유로울 수 있는 사람이 아무도 없습니다. 죄를 지으면 양심의 자유와 마음의 평안을 잃고 관계를 깨뜨리며 삶을 낭비하게 됩니다. 우리를 망가뜨리는 가장 손쉬운 방법은 죄짓게 만드는 것입니다. 사탄이 왜 그걸 모르겠습니까? 에덴동산에서부터 지금까지 사탄은 인류를 죄의 올무로 고통스럽게 하고 있습니다.

문제는 우리 내부에도 있습니다. 어디선가 감기는 바이러스가 옮기는 게 아니라 손을 안 씻어서 걸리는 것이라는 글을 보았습니다. 영하 50도가 넘는 북극이나 남극에는 감기라는 게 없다고 합니다. 그래서 감기는 바이러스 때문에 걸리는 게 아니라고 주장하는 것 같습니다. 왜 손을 닦아야 할까요? 아침에 세수할 때 씻었는데 왜 또 씻어야 할까요? 그 사이에 우리는 또 오염되기 때문입니다. 이렇듯 모든 죄의 책임에서 용서를 받았다 해도 죄의 오염에서 자유로울 수는 없습니다. 그래서 계속 손을 씻듯 끊임없이 죄를 자백해야 합니다. 예수님은 우리의 기도에서 절대로 빠져서는 안 될 기도의 요소로 용서를 말씀하셨습니다. "우리가 우리에게 죄 지은 자를 사하여 준 것 같이 우리 죄를 사하여 주시옵고."

용서하여 주옵소서

"왜 그런 짓을 했습니까?"라고 물으면 사람들은 죄를 합리화하려고 이렇게 말합니다. "내가 뭐에 씌었나 봅니다." 죄는 무언가에 씌어서 짓는 게 아닙니다. 자신의 결정으로 짓는 것입니다. 우리가 죄를 지었을 때 해야 할 정직한 말은 이것입니다. "제가 잘못했습니다. 제가 그 죄를 짓기로 선택했습니다." 어쩌면 이런 변명과 합리화, 정당화 기제는 아담과 하와 이후 우리가 물려받은 유산일지 모릅니다. 아이들은 가르치지 않아도 본능적으로 어떻게 해서든지 자신이 잘못한 게 아니라는 사실을 증명하기 위해 합리화하고 변명하는 타고난 기술을 가지고 있습니다. 잠언 28장 13절은 이렇게 말씀합니다.

> 자기의 죄를 숨기는 자는 형통하지 못하나 죄를 자복하고 버리는 자는 불쌍히 여김을 받으리라.

죄를 짓게 되었을 때에 최선의 전략은 무조건 인정하는 것입니다. "주님, 제가 잘못했습니다."

그런데 문제는 우리가 자백할 때마저도 두 가지 잘못을 한다는 것입니다. 하나는 '나는 잘못한 것이 없지만'의 태도입니다. "내 마음에 걸리는 것은 없어요. 죄 지은 것은 기억나지 않지만 혹시 하나님이 발견하신다면 용서해주십시오." 이런 기도는 아이들의 기도뿐 아니라 공예배의 대표기도에도 자주 등장합니다. "주님, 저희가 잘못한 것이 있으면 용서해주십시오." 아이가 부모에게 "아빠, 혹시 내가 잘못한 것이 있으면 용서해주세요"라고 한다고 생각해보십시오. 그것은 고백도 아닙니다. 관계와 교제에 아무 도움도 되지 못하고 의미도 없는 인격적 희롱입니다. "아빠, 제가 게임하고 싶은 유혹을 이기지 못하고 아빠 바지 주머니에서 2천 원을 훔쳐서 게임을 했어요. 용서해주세요"라고 해야 그것이 잘못에 대한 참되고 영양가 있는 시인이며 고백입니다.

어떻게 고백해야 그로 인해 주님과의 교제가 더욱 새롭고 친밀해질 수 있을까요? "우리가 우리에게 죄 지은 자를 사하여 준 것 같이 우리 죄를 사하여 주옵시고"라고 기도할 때는 십계명을 그 기도의 틀로 사용하는 것이 좋습니다.

예를 들어, 1계명을 기억하며 "하나님은 제게 하나님 외에 다른 신을 두지 말라고 하셨습니다. 제가 혹시 하나님보다 더 의존하는 실체적인 신이 있지는 않았나요?"라고 여쭈었는데 성령이 지적하여 떠올려주시는 것이 없다면 2계명으로 갑니다. "주님 제게 '우상을 섬기지 말라'고 하셨습니다. 제가 혹시 이 말씀을 어기고 하나님보다 더 사랑하고 귀히 여기며 더 중요하게 생각한 것은 없습니까?" 그런데 주님이 마음에 이런 생각을 떠올려주십니다. "요즘 너의 관심사는 오직 돈뿐인 것 같구나." 그러면 합리화하거나 변명하지 말고 인정하며 자백하십시오. "주님, 죄송해요. 제가 하나님보다 돈을 더 의지하려고 했습니다. 저의 재정문제를 하나님께 맡기겠습니다." 5계명을 기억하며 "주님이 살인하지 말라고 말씀하셨는데 제가 누군가의 육체적 생명을 해친 적은 없지만, 혹시 누군가의 명예나 가치를 깎아내린 일은 없습니까?" 주께서 어제 일을 생각나게 하십니다. "너 어제 친구와 점심 먹으면서 네 마음에 안 드는 동료에 대해 사실보다 과장하여 비방을 했지? 그것은 그 사람을 죽이는 일이 아니냐?" 그러면 변명하지 말고 즉시 고백하십시오. "주님, 잘못했습니다. 오늘 중에 그에 대한 내 말이 과장되었음을 인정하고 용서를 구하겠습니다." 이런 식으로 십계명을 따라서 기도하면 더 구체적인 기도가 됩니다.

또 하나, 죄 고백에서 우리가 쉽게 저지르는 실수가 있습니다. 나는 이것을 '밀양 신드롬'이라고 부릅니다. 〈밀양〉이라는 영화가 있습니다. 영화의 주제는 '용서'입니다. 여자 주인공은 남편이 교통사고로 죽자 그 아들을 데리고 남편의 고향인 밀양으로 내려갑니다. 거기서 힘겹게 새로운 삶을 살아가는데 아들이 납치범에게 유괴를 당하고 맙니다. 심지어 납치범에게 살해를 당합니다. 남편에 이어 아들마저 잃은 주인공이 너무 고통스러워할 때 약국 아저씨가 그녀를 교회로 인도합니다. 주인공은 곧 예수님을 믿게 되고 하나님의 용서가 무엇인지 체험합니다. 그래서 아들을 죽인 원수를 용서하겠다고 결심하며 교도소에 찾아갑니다. 교도소로 찾아간 이유는 하나입니다. "내가 당신을 용서합니다"라고 말하기 위해서입니다. 주인공이 아들 살해범과 마주 앉았습니다. 그런데 살해범의 얼굴에 평안과 기쁨이 충만합니다. 뭔가 아주 좋은 일이 있는 것 같습니다. 주인공은 이 살해범의 태도가 의아했습니다. 그런데 그 살해범이 주인공의 말을 듣기도 전에 먼저 입을 엽니다. 대사를 정확히 기억할 수는 없지만 그 내용은 이런 것입니다. "내가 이 감옥에서 예수님을 만났고, 예수님이 그 십자가의 피로 내 죄를 다 용서해주셨습니다. 나는 구원받았습니다. 이제 마음이 평안합니다." 그 말이 주인공에게는 마치 이렇게 말하는 것 같이 들렸습니다. "하나님이 날 용서해주셨으니까 난 너에게 용서를 빌지 않아도 되고, 네 용서도 필요없어." 그 말에 이 여자는 뒤집어집니다. 교도소에서 돌아와 방황하며 타락하게 됩니다. 이 밀양 신드롬은 영화 속에서만 일어나는 게 아닙니다. 얼마나 많은 형제자매들이 영화 속의 살해범과 같은 착각을 하며 관계, 교제, 공동체를 깨는지 모릅니다. 하나님께 용서를 빌면 형제에게 저지른 잘못에 대해 자유할 수 있다는 것은 스스로를 속이는 것입니다. 예수님이 말씀하셨습니다.

> 그러므로 예물을 제단에 드리려다가 거기서 네 형제에게 원망들을 만한 일이 있는 것이 생각나거든 예물을 제단 앞에 두고 먼저 가서 형제와 화목하고 그 후에 와서 예물을 드리라(마 5:23-24).

우리가 짓는 죄 중에는 하나님께만 짓는 죄가 있는가 하면 다른 사람에게 짓는 죄도 있습니다. 주님은 후자의 경우 반드시 먼저 가서 용서를 구하라고 말씀하십니다. 그것은 결코 쉬운 일이 아닙니다. 내 자존심과 자아가 깨어지는 일이니까요. "용서해주세요"라는 말은 나와 타인, 세상을 행복하게 하는 핵심어입니다.

용서하게 하옵소서

주께서 "우리가 우리에게 죄 지은 자를 사하여 준 것 같이 우리 죄를 사하여 주시옵고"라고 기도하라고 말씀하십니다. 이것은 조건부 문장입니다. "우리가 우리에게 죄 지은 자를 사하여 준 것 같이"라는 조건입니다. 대화체로 이 구절을 푼다면 이렇게 될 것입니다.

"용서해야 한다."

"전 용서 못해요."

"용서해야 한다니까."

"전 절대로 용서 못해요."

"그럼 나도 할 수 없겠구나. 나도 너를 용서할 수 없다."

예수님이 우리에게 용서를 촉구하시는 이유는 우리에게 잘못한 그 사람을 위해서가 아닙니다. 하나님의 자녀인 우리 자신을 위해서입니다. 용서하지 않는 것은 내 손으로 내 목을 조르는 일입니다. 움켜쥔 손을 풀어야 합니다. 그래야 자유로이 숨을 쉴 수 있습니다. 지옥의 특성이 무엇입니까? 바로 용서가 없는 것입니다. 용서받기를 거부하고 용서하기를 거부하는 것이 지옥의 조직 문화입니다. 당신은 천국 시민입니다. 지옥을 당신의 가슴에 간직하고 살지 마십시오. 누구보다 당신 자신이 불행합니다.

나는 이것을 빠삐용 신드롬이라고 부릅니다. 빠삐용은 프랑스어로 나비라는 뜻입니다. 이것은 1973년에 나온 영화 제목으로 실제 인물의 자서전을 영화화한 것입니다. 주인공의 실제 이름은 앙리 샤리에르입니다. 스물네 살 청년 앙리 샤리에르는 1930년 3월 26일 새벽 3시에 술집에서 술을 마시고 있었습니다. 그런데 그 주변에서 끔찍한 살인사건이 벌어집니다. 공명심에 불타는 젊은 검사는 성과를 올리기 위해 거짓 증인까지 동원해 앙리를 그 사건의 범인으로 기소합니다. 결국 앙리는 종신형을 받게 됩니다. 그 무시무시한 감옥에서 그는 아홉 번이나 목숨을 건 탈출을 시도하지만 탈출할 때마다 잡혀 더 심각한 고통을 당하게 됩니다. 어떤 때는 6개월 동안 창문 없는 캄캄한 암실에 갇히고, 어떤 때는 바퀴 벌레를 잡아먹으며 생명을 유지해야 했습니다. 그런데 붙잡히면 또 탈출하고 또 탈출하고… 결국 아홉 번 만에 성공합니다. 그가 그렇게 목숨을 걸고 탈출하려 했던 이유가 하나 있었습니다. 프랑스에 가서 자기 인생을 그렇게 만든 그 검사와 검사 가족들과 그 증인들을 다 죽이기 위해서였습니다. 그래서 그는 끈질기게 탈출을 시도한 것입니다. 성공은 했지만 탈옥범이라는 꼬리표가 붙은 그는 고통스러운 삶을 살아가야 합니다. 그러나 그 고통을 다 견디어 냅니다. 한 가지 생각만 했습니다. '나는 죽어서는 안 된다. 그들을 다 죽여 버리기 전에 난 죽으면 안 된다.' 드디어 공소시효가 풀렸습니다. 그는 그날로 프랑스 파리에 들어갑니다. 그리고 8일 동안 원수를 갚을 구상을 합니다. 그때 하나님이 그의 마음에 용서를 촉구하셨습니다. 그가 8일 만에 이렇게 합니다. '좋습니다. 제가 그들을 용서하겠습니다. 그들을 죽이려고 쫓아다니지 않겠습니다. 이제 다시는 이런 일이 벌어지지 않기를 바랍니다.' 그렇게 주님 앞에서 용서하는 기도를 했을 때, 그의 가슴에 크게 새겨졌던 나비 문신이 하늘을 향해 팔랑거리듯 자유로워집니다. 용서를 선언하는 순간, 그는 자기 자신이라는 감옥에서 나온 것입니다. 그의 자서전 2편에서 그렇게 고백하였습니다. 거기까지 가야 영화 2편이 완성되는데, 완성된 1편도 다 보지 못한 상태에서 그는 인후암으로 사망합니다. 용서는 다른 누구를 위해서가 아닌 나를 위한 것입니다. 빚지고는 못 산다는 말이 있습니다. 죄를 품고도 살 수 없습니다. 기도 중에 절대 빼지 말아야 할 기도는 용서를 비는 기도입니다.

주기도를 내 기도로 변환하기

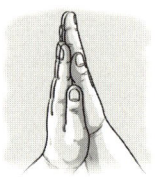

> "우리가 우리에게 죄 지은 자를 사하여 준 것 같이 우리 죄를 사하여 주시옵고"

1단계 왼손은 내가 하나님께 지은 잘못에 대해 용서 비는 것을, 오른손은 내게 잘못한 사람을 용서해줄 용기와 사랑을 베푸는 것이라고 생각하며 두 손바닥을 위아래로 움직이며 기도합니다. 마음의 소원을 담아 말씀드리십시오.

잘하셨습니다. 그것만으로도 훌륭한 기도입니다. 그러나 한 발자국 더 나아가야 합니다. 이제 2단계로 가십시오.

2단계 '용서해주세요 손'을 유지한 채, 눈을 감고 날줄기도를 고백하십시오. "용서하여주옵소서. 용서하게 하옵소서."

훌륭합니다. 이제 당신의 기도는 제대로 된 틀을 갖추기 시작하였습니다. 그러나 당신의 기도답게 좀 더 살이 붙기를 바란다면 이제 3단계로 가십시오.

3단계 '용서해주세요 손'을 유지한 채, 눈을 감고 두 개의 날줄기도에 간단한 씨줄기도를 엮어보십시오. "용서하여 주옵소서. 무엇을…", "용서하게 하옵소서. 누구를…"

일단 정지! 잠시 책을 내려놓으십시오. 지금은 주기도를 내 기도로 변환하는 연습을 하는 시간입니다. 짧고 간단하게라도 자신만의 기도 카펫을 짜보십시오.

보십시오, 당신도 기도할 수 있지 않습니까? 주기도가 당신의 기도로 변환되고 있습니다. 짧은 시간에 당신은 크리스천 기도의 기본형을 배운 것입니다. 이 기본형이 몸에 익을 때까지 4단계는 접어두십시오. 3단계가 익숙해졌을 때 4단계에 도전해보십시오.

4단계 주기도의 날줄기도에 당신의 씨줄기도를 더 풍성하고 실제적으로 결합하는 연습을 하십시오. 먼저는 십계명의 기준을 따라 기도하면서 성령이 떠오르게 하시고 지적하시는 잘못을 용서해달라고 기도하고, 다음으로는 나에게 잘못한 사람이 떠오를 때 그를 용서할 믿음과 용기를 달라고 기도하십시오. 당신의 말로 기도를 적으십시오. 글씨로 쓸 때 집중력이 높아지고 생각도 더 명확하게 정리됩니다.

"용서하여 주옵소서. 용서하게 하옵소서."

1 기본적이고 일반적인 기도

- 십계명을 기준으로 내 삶을 살피며 기도한다(시 139:23-24, 시 51:9-12).

- 나 외에는 다른 신들을 네게 두지 말라(출 20:3).
- 우상을 만들지 말고 그것들을 섬기지 말라(출 20:4).
- 네 하나님 여호와의 이름을 망령되게 부르지 말라(출 20:7).
- 안식일을 기억하여 거룩하게 지키라(출 20:8).
- 네 부모를 공경하라(출 20:12).
- 살인하지 말라(출 20:13).
- 간음하지 말라(출 20:14).
- 도둑질하지 말라(출 20:15).

- 거짓증거하지 말라(출 20:16).

- 탐내지 말라(출 20:17).

● 주께서 나를 용서하신 것처럼 나도 다른 사람들을 용서할 믿음과 용기를 달라고 기도한다(마 18:35, 눅 17:4).

○ 생각나는 성경 구절이나 성경 이야기

● 떠오르는 찬송이나 찬양

2 상황적이고 구체적인 기도

○ "주께서 제게 (십계명을 한 계명씩 들어 자신을 살피며) _____(라)고 말씀하셨습니다."

● (떠오르는 죄를 이야기하며) "제가 하나님께 불순종하였습니다. 용서해 주십시오."

○ (성령이 지적하시는 어떤 사람이나 일을 두고) "내게 _____ 한 잘못을 저지른 _____를 주의 사랑으로 용서하게 해주십시오."

8

우리를 시험에 들게 하지 마시옵고

다만 악에서 구하시옵소서

우리나라 속담 중에 "제 버릇 남 못 준다"라는 말이 있습니다. 조세형이라는 사람이 그 좋은 예라고 볼 수 있습니다. 그는 도둑이었습니다. 도둑도 아주 큰 도둑이었습니다. 1970년대 말에 권력층과 부유층 집에만 침입해서 물건을 훔쳤습니다. 어느 고관 집에서 훔친 5캐럿짜리 물방울 다이아몬드 때문에 사회적인 이슈가 되었습니다. 1982년, 그가 잡혔을 때 신문은 대서특필했고 그는 며칠 동안 사설의 주인공이 되기도 했습니다. 그가 훔쳐낸 금은보석이 두 자루였는데 이 두 자루분의 금은보석은 보석상을 차릴 만큼의 많은 분량이었습니다. 그중 얼마를 그렇게 했는지는 모르지만 서울역의 노숙자들에게도 나누어주고 가난한 사람들에게 주었다고 해서 그를 의도(義盜)니, 괴도(怪盜)라고 부르기도 했습니다. 그가 1982년에 붙잡혔을 때 훗날 총리가 된 한 검사는 그에게 성경을 주면서 전도했습니다. "당신이 새로워지려면 반드시 예수님을 믿어야 합니다." 그 전도로 그는 감옥에서 예수를 믿었고 만기 출소한 다음에는 신학을 공부하여 목사가 되었습니다. 그는 각 교회마다 돌아다니면서 도둑이 어떻게 주님의 사역자가 되었는지 간증하며 은혜를 끼치기도 했습니다.

그런데 그에게 한 가지 변하지 않는 것이 있었습니다. '제 버릇'입니다. 제 버릇을 남 줄 수가 없었던 그는 일본에 간증 집회를 하러 갔다가 교인 집을 털어서 3년 반 동안 일본 감옥에서 살다 나와야 했습니다. 형기를 마치고 한

국에 돌아와서도 일흔 살이 넘은 나이에 서초동 주택가에서 어설픈 도둑질을 하다가 잡혔습니다. 그래서 또다시 감옥에 들어갔습니다. 그야말로 제 버릇 남 못준다는 속담의 증거가 되었습니다. 돼지의 머릿속에는 진흙탕과 시궁창만 보면 끌려가는 자석이 붙어 있는 것 같습니다. 돼지는 그곳에 가서 누울 때 편안합니다. 깨끗하게 사는 것은 돼지의 본성을 역행하는 것입니다. 돼지는 시궁창만 보면 마음이 기웁니다. 이렇게 제 버릇 남 못 주는 게 어디 조세형이나 돼지뿐이겠습니까?

예수님 믿은 후 초신자 시절 제 마음에는 많은 갈등이 있었습니다. 예수님 안에서 구원받은 확신이 있었습니다. 주님의 용서도 눈물겹게 감사했습니다. 그러나 어떤 죄들은 끊어지지 않고 끈질기게 저를 괴롭혔습니다. 눈물로 회개합니다. 다시는 그렇게 하지 않겠다고 약속합니다. 그러나 또 몇 달이 지나면 자연스럽게 그 죄를 짓는 저를 봅니다. 결심해도 끊어지지 않는 이 나쁜 습관들 때문에 힘이 듭니다. 그럴 때마다 사탄은 내 갈등을 이용해 염장을 지르고 쐐기를 박아댑니다. '봐라, 너는 구원받지 못한 거다. 네가 정말 구원받았다면, 정말 십자가의 피로 새로워졌다면 토한 죄를 또 먹을 수 있겠냐?' 내 마음은 죄를 싫어하고 미워하며, 죄 짓지 않기를 간절히 원하는데 시궁창만 보면 이미 몸이 끌려가는 돼지처럼 죄를 향해 가는 길은 아주 편합니다. 반면 죄를 역행하는 길은 전투하듯 거슬러 올라가야 하는 어려움 때문에 많은 갈등을 해야 합니다. 그때마다 마귀는 그게 바로 내가 구원받지 못한 증거라고 공갈을 쳤습니다. 당신도 그렇습니까? 당신은 확실히 구원받았습니까? 나는 당신이 죄를 짓고 싶어 하지 않는다는 것을 믿습니다. 당신은 죄를 미워하고, 죄가 당신을 황폐하게 한다는 것도 압니다. 그런데 왜 우리 안에 있는 죄는 없어지지 않을까요?

설명이 필요한 부분입니다. 앞에서 말했듯이 구원은 즉각적입니다. 그러나 성화는 점진적입니다. 아이가 태어날 때를 생각해보십시오. 아이가 엄마 몸속에서 나오는 것은 즉각적입니다. 그러나 그 아기가 사람 구실을 하려면 점진적인 성장의 과정을 거쳐야 합니다. 이처럼 구원을 받고 하나님의 자녀가 되었을지라도, 하나님 자녀의 성품과 거룩함을 입기까지는 점진적인 성화의 단계가 반드시 필요합니다. 그러므로 당신이 죄를 지을 때마다 '나는 왜 이 모양인가'라고 생각하는 것은 참으로 양심적이긴 하지만, 실상은 자신의 주제를 파악하지 못하는 것입니다. 우리는 원래 죄 짓는 사람입니다. 원래 죄 짓도록 태어났습니다. 오래 둔 음식에서 곰팡이가 피어나듯 여건만 맞으면 죄 지을 수 있는 인자가 우리 유전자 속에 박혀 있습니다. 죄의 책임은 예수님의 십자가에서 끝났을지라도 죄의 오염은 우리 지성과 감정과 의지, 모든 세포 속에 깊이 스며 있어서 우리는 죄를 짓기 싫어하는 한 쪽의 마음과 죄를 보면 달려가는 또 한쪽의 마음 사이에 갈등할 수밖에 없는 것입니다. 이것을 가장 잘 활용하는 자가 바로 원수 사탄입니다. 사탄은 집요하게 우리를 공격합니다. 사탄이 공격할 수 있는 가장 좋은 이유는 우리 속에 고정간첩이 있기 때문입니다. 당신과 내 안에는 육이라는 죄의 고정간첩이 있습니다. 돼지로 치자면 우리 속에 있는 친죄성(親罪性) 자석입니다. 죄로 향하면 마음이 끌리는 그 자석이 우리 속에 있습니다. 그래서 여건만 되면 하나님을 무시하고 하나님의 뜻이 아닌 내 뜻대로 하고 싶어 하는 우리 육은 반역을 일으켜 죄를 짓게 합니다. 사탄이 하고자 하는 것은 한 가지입니다. 하나님을 우리의 의식, 생각, 삶 속에서 삭제하는 것입니다. 꼭 북한의 김 씨 세습정권과 같습니다. 말끝마다 조국의 평화와 통일을 이야기합니다. 문제는 우리가 말하는 평화와 그들이 말하는 평화가 다르다는 데 있습니다. 우리는 북한과 남한이 전쟁하지 않고 공존 상생하는 상태를 평화라고 한다면, 북한이 말하는 평화는 미 제국주의 원수들이 물러가는 것입니다. 미국이 사라져야 진정으로 김일성 사상으로 한라산에서 백두산까지 무력으로 통일할 수 있다고 믿기 때문입니다. 그것이 그들이 생각하는 평화입니다. 같은 맥락으로 사탄은 우리 속에서 하나님을 삭제하려고 합니다. 그렇게 함으로 우리가 죄에 빠져서 하나님의 구원 계획이 아닌 사탄의 노예로 비참하고 슬픈 인생을 살아가기 원하는 것이 사탄의 목적입니다. 그러므로 우리는 암에 걸렸을 때 심각하고 절박하게 기도하듯 주님께 절박하고 심각하게 기도해야 합니다. "우리를 시험에 들게 하지 마시옵고 다만 악에서 구하시옵소서."

나를 지켜주옵소서, 나를 건져주옵소서

이 기도에는 다음과 같은 두 가지 의미가 있습니다.

자신의 연약함을 인정하고 고백하라

먼저 나의 연약함을 인정하고 고백하는 것입니다. "주님, 나는 쓰러질 수밖에 없는 존재입니다. 나는 원래 죄성이 있는 존재입니다. 나는 자석에 끌리듯 끌려가는 죄 지향성을 가진 존재입니다"라는 것을 인정할 때에만 우리는 시험을 이길 수 있습니다. "우리를 시험에 들게 하지 마시옵고 다만 악에서 구하시옵소서"라는 기도는 시험에 들지 않는 것과 악에서 건짐 받는 두 가지의 일을 구하는 게 아닙니다. 같은 말의 반복된 표현입니다. 여기에 악에서 구해달라고 말할 때 그 악이라는 명사를 남성형으로 읽으면 이것은 마귀가 됩니다. 즉 "우리를 마귀와 귀신의 유혹에서 건져주시옵소서"라는 뜻이 됩니다. 이 악이라는 단어를 중성형으로 이해하면 죄가 됩니다. "우리를 죄 지을 유혹에서 건져주옵소서"라고 기도하는 게 됩니다. 우리가 "나를 지켜주십시오. 나를 건져주십시오. 나를 시험에 들게 하지 마시고 악에서 구해주십시오"라고 기도할 때 이것은 나의 연약함을 인정하는 것입니다.

끝이 아주 뾰족한 연필을 상상해보십시오. 그 연필은 천만번 결심해도 스스로 설 수가 없습니다. 그 연필은 스스로 설 수 있는 구조를 갖고 있지 않습니다. 연필이 스스로 설 수 있다면 당신도 죄를 짓지 않을 수 있습니다. 연필이 결심해서 설 수 있다면 당신도 결심으로 죄를 끊을 수 있습니다. 그렇지 않다면 당신도 못합니다. 그래서 우리는 겸손히 "주님, 저는 죄라는 쇠붙이만 있으면 언제라도 끌어당기는 죄의 자석이 속에 있는 사람입니다"라고 고백해야 합니다.

그러나 제자들은 그렇게 하지 않았습니다. 십자가에 달리시기 전에 예수님은 제자들에게 말씀하셨습니다. "너희가 다 나를 버릴 것이다." 그러자 제자들의 눈이 휘둥그레졌습니다. 베드로가 말합니다. "이 사람들은 그럴 수 있겠지만 저는 아닙니다. 저는 주님과 함께 옥에도 같이 가고 죽어도 같이 죽을 것입니다. 살아도 주님을 위해 살고 죽어도 주님과 함께 죽을 것입니다." 다른 제자들도 앞다투어 대답합니다. "저도요!" 자기들도 그렇게 죽겠다고 결심했습니다. 예수님이 경고하실 때, 그들은 귀를 틀어막았습니다. '나는 아니야. 내가 지금까지 쌓아온 경륜이 있는데 내 신앙이 그것밖에 안 된다고 평가하시다니….' 그날 밤, 예수님은 겟세마네 동산에서 땅에 피가 뚝뚝 떨어지도록 기도하셨습니다. 그러나 제자들은 예수님이 그처럼 심각하고 절박하게 기도하시는 것을 보고도 쿨쿨 잠을 잤습니다. 왜 그랬을까요? 자기들은 그렇게 약한 존재가 아니라는 자신감이 있었기 때문입니다. 당신은 어떻습니까? 절대 죄를 짓지 않을 자신이 있습니까? 신문을 볼 때 혀를 차며 "나는 절대로 저런 인간 같지도 않은 인간이 되지 않을 거야"라고 자신 있게 말할 수 있습니까? 당신도 그렇게 쓰러질 수 있다는 사실을 부인하는 순간, 당신은 이미 쓰러지기 시작한 것입니다. 바울은 고린도전서 10장 12절에서 이렇게 말씀합니다. "그런즉 선 줄로 생각하는 자는 넘어질까 조심하라."

우리 각자에게는 아킬레스건이 있습니다. 발을 앞뒤로 움직일 때 뒤꿈치에 연결된 힘줄을 아킬레스건이라고 합니다. 아킬레스 힘줄이라고 부르는 게 정확합니다. 그리스에 아킬레스라는 장수가 있었습니다. 이 장수는 트로이 전쟁에서 가장 혁혁한 공로를 세운 무패의 장수였습니다. 그는 어떻게 그런 힘 있는 장수가 되었을까요? 아킬레스의 어머니가 제우스 신에게 말하기를 "내 아들을 창도 뚫지 못하고 칼도 베지 못하며 불도 사르지 못할 강한 힘을 가진 자로 만들어 주십시오." 그러자 제우스 신이 이렇게 말했습니다. "그래? 그럼 네 아들을 테베 강에 담갔다가 꺼내라." 그래서 그녀는 신생아 아킬레스의 발목을 잡고 온몸을 강물에 쑥 집어넣었다가 꺼냈습니다. 머리끝부터 발끝까지 아킬레스의 몸에 물이 안 닿은 곳이 없었습니다. 딱 한군데를 빼놓고 말입니다. 그 딱 한군데는 바로 그녀가 잡고 있던 발목 힘줄이었습니다. 놀랍게도 적군이 쏜 독화살이 아킬레스의 뒤꿈치를 명중했을 때, 그는 온몸에 독이 퍼져 죽고 말았습니다. 그날 이후 그것만 건드렸다 하면 별 볼일 없이 쓰러지는 그 특별한 약점을 우리는 아킬레스건이라고 부르게 되었습니다.

당신은 자신의 아킬레스건을 인정하지 않을 수 있겠지만, 사탄은 무엇이 당신의 아킬레스건인지 아주 잘 압니다. 사탄은 당신의 아킬레스건을 집중적으로 공격합니다. 혹시 자신의 아킬레스건이 무엇인지 잘 모르겠습니까? 쉽습니다. 당신이 계속 지었다가 고백하고, 또 지었다가 고백하고 또 짓는 죄, 그것이 바로 당신의 아킬레스건입니다. 그것 때문에 당신은 언젠가 불행해질 것입니다. 그 죄 때문에 언젠가 피눈물을 흘릴 것입니다. 어떤 사람에게는 그것이 탐욕입니다. 어떤 사람에게는 그것이 돈입니다. 어떤 사람에게는 그것이 성적 유혹입니다. 어떤 사람에게는 교만입니다. 어떤 사람에게는 열등감입니다. 어떤 사람은 남의 험담을 하는 것이 가장 큰 아킬레스건일 수 있습니다. 뭐가 되었든 우리는 다 한 가지씩 아킬레스건이 있습니다. 그래서 우리는 이렇게 기도해야 합니다. "주님, 저를 지켜주십시오. 주님, 저를 건져주십시오." 이 말이 무슨 말을 포함하는지 아시지요? "저는 제 힘으로 유혹을 이길 수 있는 존재가 아닙니다. 저는 제 힘으로 죄를 끊어낼 수 있는 존재가 못 됩니다"라는 말을 포함한 것입니다.

하나님의 은혜를 인정하고 고백하라

또한 "우리를 시험에 들게 하지 마시옵고 다만 악에서 구하시옵소서"라고 기도하는 것은 하나님만이 나를 지키시고 건져주실 분이라는 것을 인정하며 고백하는 것입니다. 아까 상상 속에서 보았던 연필을 또 꺼내보십시오. 그 연필은 결코 스스로 설 수 없습니다. 그러나 그 연필은 반드시 설 수 있습니다. 어떻게 그 일이 가능합니까? 손으로 붙들면 됩니다. 붙잡고 있는 한 그 연필은 서 있을 수 있습니다.

우리가 지금까지 살 수 있었던 이유는 내가 잘나서가 아니라 하나님이 은혜의 손으로 붙들어주셨기 때문입니다. 하나님의 손을 벗어나는 순간 우리는 곧바로 넘어집니다. 그래서 우리는 "주님, 나를 지켜주시고 건져주십시오"라고 기도합니다. 고린도전서 10장 13절은 "사람이 감당할 시험 밖에는 너희가 당한 것이 없나니"라고 말씀합니다. 모든 사람이 다 당하는 유혹 말고 특별한 시험을 당하지 않는다고 말씀합니다. 돈이 탐나십니까? 누구나 다 그렇습니다. 성적 욕구를 느낍니까? 누구나 다 그렇습니다. 미운 사람에게 보복하고 싶습니까? 누구나 다 그렇습니다. 내가 당하는 시험은 60억 인구 중에 오직 나 하나만 당하는 시험이 아니라는 것입니다. 그러나 걱정할 것이 없는 이유는 오직 우리가 감당하지 못할 시험과 유혹을 허락하지 않으시고, 유혹을 당할 때에 또한 피할 길을 내셔서 능히 감당하게 하신다는 신실하신 하나님의 약속 때문입니다.

유혹을 받을 때 최상의 전략은 피하는 것입니다. 도망치는 것입니다. 죄가 유혹할 때 "그래, 네가 이기나 내가 이기나 한번 해보자"라고 하지 마십시오. 그러면 우리는 그 유혹의 밥이 됩니다. 죄가 유혹할 때에는 빨리 거기를 떠나야 합니다. 죄의 자리에서 벗어나 하나님께로 가야 합니다. 이것이 공식입니다. "죄에서 벗어나 하나님께 도망쳐라." 그런데 거꾸로 하는 사람들도 있습니다. 하나님에게서 속히 벗어나 죄로 도망치는 것입니다. 그러면 우리는 죄의 노예가 됩니다. 신분은 하나님의 자녀인데 실상은 죄의 노예로 사는 것입니다.

두 형제 이야기

두 형제 이야기를 하겠습니다. 두 형제 모두 같은 아버지의 아들입니다. 두 형제 다 집에서 멀리 떠나 있었습니다. 잔소리할 아버지도 없었고 감시하는 형제들도 없었습니다.

한 형제의 이름은 유다였습니다. 유다가 어느 날 양을 치러 한 지방에 갔는데 강렬한 음욕이 일었습니다. 그런데 마침 거기에 한 여자가 검은 천으로 얼굴을 가리고 앉아있는 게 아닙니까? 유다 속에 있는 죄의 자석이 작동하기 시작했습니다. "내가 네게로 들어가도 되겠느냐?" "화대로 얼마를 주시겠습니까?" "염소 한 마리를 주마." "그럼 염소를 주시기 전에 보증서로 무엇을 주시겠습니까?" "내 도장과 허리띠를 주마." 결국 그는 그날 밤, 그 여자와 관계를 맺었습니다. 그 후 친구에게 염소 한 마리를 주며 "나와 잔 창녀에게 이 염소를 갖다 주고 내 도장과 허리띠를 찾아다 주게! 소문나지 않게 조용히!" 그러자 친구가 말합니다. "그게 무슨 소린가? 이 동네에는 창녀가 없네." "그럼 그 여자는 누구지? 에이, 그럼 됐네. 체면도 있고 하니 조용히 넘어가세." 그렇게 일이 덮이는 줄 알았습니다. 아무도 모르는 일이니까요. 그런데 얼마 후, 친정으로 돌아가서 기업을 물려줄 시동생이 자라기를 기다리던 며느리가 외간 남자와 음행을 하고 아기를 배었다는 소식이 들립니다. 그러자 시아버지인 유다는 화가 머리끝까지 나서 말합니다. "며느리를 붙잡아다 불태워버려라." 그런데 그 여자가 끌려나오면서 도장과 허리띠를 들고 말합니다. "이 아이는 바로 이 사람의 아이입니다." 유다가 보니 그것은 바로 자기 것이었습니다. 유다는 자기 며느리와 잔 것입니다. 그 아이는 유다를 할아버지라고도 불러야 하고 아빠라고도 불러야 하는 아주 복잡한 가정에서 태어났습니다. 마태복음 1장에 나오는 예수님의 족보에도 이 사실이 기록되어 있습니다. 이 이야기는 창세기 38장의 이야기입니다. 죄에서 하나님께로 도망쳐야 할 그가 하나님에게서 죄 가까이로 도망쳤을 때, 읽고 말하기도 민망하고 부끄러운 이야기의 주인공이 되고 말았습니다. 자기 자신과 자녀들, 가정과 역사적으로 망신일 뿐 아니라 성경을 읽는 모든 사람에게 망신당하는 방법은 하나님에게서 벗어나 죄를 향해 빨리 끌려가는 것입니다. 그러나 그것은 하나님이 원하시는 게 아니고 마귀가 원하는 것입니다.

 창세기 39장에 또 다른 형제의 이야기가 나옵니다. 그의 이름은 요셉입니다. 요셉이라는 청년은 열일곱 살쯤 되었을 때 형제들의 시기를 받아 이집트의 경호 실장 집에 노예로 팔려가게 됩니다. 잘생기고 성실하며 젊은 요셉을 향해 경호 실장 사모님이 날이면 날마다 동침하자고 유혹합니다. 요셉은 그 유혹을 거절했을 때 어떤 결과가 있을지 다 알고 있었습니다. 감시하는 사람이나 몰래 카메라도 없었고 일개 노예로서 거절하기 난처한 유혹이었습니다. 건장한 열일곱 살의 청년이 뿌리치기 힘든 유혹이었습니다. 그럼에도 요셉은 그 여자가 잡은 겉옷을 남겨 놓은 채 도망쳤습니다. 죄에서 벗어나 하나님께로 피했습니다. 그 여자는 요셉의 겉옷을 증거물로 들고 요셉을 감옥에 넣으라고 남편에게 졸라댔고 결국 요셉은 감옥에서 13년이라는 세월을 보내게 됩니다. 그러나 13년 동안 그는 감옥에서 썩은 것이 아니라, 특별 정치범 수용소에 갇힌 고위 공직자들에게 나라의 경영법을 배웠습니다. 그가 서른 살이 되어 공직에 나갈 나이가 되었을 때 그는 총리로 발탁되었습니다. 죄에서 하나님께 도망쳤던 요셉은 자신과 가족, 세상을 축복하는 영예로운 이름을 얻게 됩니다. 죄에서는 도망치십시오. 술집에 자꾸 가게 될 것 같으면 퇴근할 때 그 길로 가지 말고 한 시간이 더 걸리더라도 다른 길로 돌아서 가십시오. 술이 너무 먹고 싶은 날이면 우유를 사다가 배부를 때까지 마셔보십시오. 다른 여자가 너무 예뻐 보이면 빨리 집에 와서 아내의 발을 씻겨주십시오. 죄를 피해 하나님께 도망쳐야 삽니다.

인디언들은 자녀를 키울 때 이렇게 가르친다고 합니다. "네 마음에는 흰 개와 검은 개가 있단다. 흰 개는 착하게 살라고 짖어대고 검은 개는 죄를 지으라고 짖어대는데 어떻게 하면 흰 개가 이길 수 있을까?" 그러면 아이가 대답합니다. "밥을 많이 먹은 개가 이기겠지요." 하나님으로만 채워져야 유혹을 이길 수 있습니다. 자꾸 죄를 연습하면 나중에는 거기서 나올 수 없는 지경에 빠집니다. 감옥에 갇힌다 해도 그것은 해결이 안 됩니다.

예수님은 우리가 받는 모든 유혹을 다 받으셨습니다. 히브리서 4장 15절은 예수님이 모든 일에 우리와 똑같이 시험을 받으셨지만 죄는 짓지 않으셨다고 말씀합니다. 어떻게 그러실 수 있었을까요? 하나는 말씀입니다. 하나님의 말씀으로 마음을 채우셨습니다. 예수님이 광야에서 시험을 받으실 때 사탄을 꼼짝없이 누를 수 있었던 가장 강한 무기는 하나님의 말씀이었습니다. 하나님의 말씀이 예수님을 승리하게 한 가장 강력한 무기였습니다. 우리도 하나님의 말씀으로 마귀를 대적해야 합니다.

그리고 또 다른 무기는 기도입니다. 양손을 한번 모아보십시오. 왼손과 오른손 깍지를 낀 채 손바닥이 꽉 닿을 만큼 양손을 압착해보십시오. 그러면 그 안에 공기가 남아 있지 않을 것입니다. 그 손이 하나님의 보호의 손이라고 생각해보십시오. 그 보호의 손 안에 있을 때만 우리는 안전합니다. 우리는 늘 이렇게 기도해야 합니다. "나를 지켜주십시오. 나를 건져주십시오." "나를 지켜주십시오"라는 말은 예방적인 기도이고 "나를 건져 주십시오"라는 말은 처방적인 기도입니다. 이 기도를 할 때 막연하다면 사도신경과 십계명을 따라 기도하십시오. 사도신경은 잘못된 믿음의 유혹에서, 십계명은 잘못된 삶의 유혹에서 우리를 지켜줍니다. 사도신경으로 기도하십시오.

> 나는 전능하신 아버지 하나님, 천지의 창조주를 믿습니다.
> 나는 그의 유일한 아들, 우리 주 예수 그리스도를 믿습니다.
> 그는 성령으로 잉태되어 동정녀 마리아에게서 나시고,
> 본디오 빌라도에게 고난을 받아 십자가에 못 박혀 죽으시고,
> 장사된 지 사흘 만에 다시 살아나셨으며,
> 하늘에 오르시어 전능하신 하나님 우편에 앉아 계시다가,
> 거기로부터 살아 있는 자와 죽은 자를 심판하러 오십니다.
> 나는 성령을 믿으며 거룩한 공교회와 성도의 교제와
> 죄를 용서받는 것과 몸의 부활과 영생을 믿습니다. 아멘.

이런 믿음만이 마귀의 유혹이 당신을 후리지 못하도록 시선을 하나님께

고정해줍니다. 또한 십계명으로 기도하십시오.

    하나님 외에 다른 신이 내게 있지 않게 도와주옵소서.
    우상을 섬기지 않게 도와주옵소서.
    주의 명예에 합당한 삶을 살게 도와주옵소서.
    이 날을 의미 있게 살게 도와주옵소서.
    부모를 공경할 수 있게 도와주옵소서.
    살인하지 말게 하옵소서.
    간음하지 말게 하옵소서.
    도둑질하지 말게 하옵소서.
    거짓 증거하지 말게 하옵소서.
    탐내지 않게 도와주옵소서.

이렇게 십계명으로 기도할 때 우리는 우리의 연약함을 깨닫고 주를 의지할 수밖에 없습니다. 그때 주님은 우리가 쓰러지지 않도록 붙들어주십니다. 쓰러질 수밖에 없는 우리도 주님이 붙잡으시면 설 수 있습니다. 그것이 이 기도의 핵심입니다.

> 주기도를
> 내 기도로
> 변환하기

*"우리를 시험에 들게 하지 마시옵고
다만 악에서 구하시옵소서."*

1단계   하나님의 완벽한 보호막, 요새, 철통 같은 벙커 안에 있는 나를 상상하며 양손을 깍지 끼고 양손의 손목 방향 손끝을 꽉 죄어 잡으십시오. 그리고 마음의 소원을 담아 주님께 말씀드리십시오.

잘하셨습니다. 그것만으로도 훌륭한 기도입니다. 그러나 한 발자국 더 나아가야 합니다. 이제 2단계로 가십시오.

2단계   '하나님의 벙커 손'을 유지한 채, 눈을 감고 날줄기도를 고백하십시오. "나를 지켜주옵소서. 나를 건져주옵소서."

훌륭합니다. 이제 당신의 기도는 제대로 된 틀을 갖추기 시작하였습니다. 그러나 당신의 기도답게 좀 더 살이 붙기를 바란다면 이제 3단계로 가십시오.

3단계   '하나님의 벙커 손'을 유지한 채, 눈을 감고 두 개의 날줄기도에 간단한 씨줄기도를 엮어보십시오. "나를 지켜주옵소서. 무엇으로부터…", "나를 건져주옵소서. 무엇으로부터 …"

일단 정지! 잠시 책을 내려놓으십시오. 지금은 주기도를 내 기도로 변환하는 연습을 하는 시간입니다. 짧고 간단하게라도 자신만의 기도 카펫을 짜보십시오.

보십시오, 당신도 기도할 수 있지 않습니까? 주기도가 당신의 기도로 변환되고 있습니다. 짧은 시간에 당신은 크리스천 기도의 기본형을 배운 것입니다. 이 기본형이 몸에 익을 때까지 4단계는 접어두십시오. 3단계가 익숙해졌을 때 4단계에 도전해보십시오.

4단계 주기도의 날줄기도에 당신의 씨줄기도를 더 풍성하고 실제적으로 결합하는 연습을 하십시오. 먼저는 예방적 기도로 기본적이고 일반적인 보호를 구하며 기도하고, 다음으로는 치료적 기도로 직면한 유혹과 시련, 고통과 슬픔에서 구조해주실 것을 기도하십시오. 당신의 말로 기도를 적으십시오. 글씨로 쓸 때 집중력이 높아지고 생각도 더 명확하게 정리됩니다.

"나를 지켜주옵소서. 나를 건져주옵소서."

1 기본적이고 일반적인 기도

○ 바른 믿음을 잃지 않도록, 사도신경을 기도로 바꾼다.

"전능하사 천지를 만드신 하나님 아버지를 믿습니다"라는 식으로 바꾼다.

● 바른 삶을 잃지 않도록, 십계명을 기도로 바꾼다.

"하나님 외에 다른 신을 내게 두지 않게 하소서"라는 식으로 바꾼다.

○ 주님의 보호를 신뢰하는 평안을 잃지 않도록(빌 4:6-7, 사 41:10, 시 91:4-6)

- 생각나는 성경 구절이나 성경 이야기

○ 떠오르는 찬송이나 찬양

2 **상황적이고 구체적인 기도**

  ○ "주님, (죄, 마귀의 유혹, 사고, 재난, 질병, 어려움 등) _____에서 지켜주십시오."

  - "주님, (어려움, 유혹 등) _____에서 건져주십시오."

○ "주님, (질병, 파산, 재난, 전쟁, 지진, 핍박 등에 처한 사람들)
_____을(를) 그 어려움에서 건져주십시오."

9

나라와 권세와 영광이

아버지께 영원히 있사옵나이다 아멘

모든 인간은 태어날 때부터 많은 문제를 안고 태어납니다. 그것은 에덴동산에서부터 내려온 인류의 가족력이라고 할 수 있습니다. 그 문제 중 하나는 열등감입니다. 누구나 열등감을 갖고 있습니다. 어떤 사람은 키가 작은 것이 열등감입니다. 어떤 사람은 외모에 열등감이 있습니다. 어떤 사람은 학력에 열등감이 있습니다. 어떤 사람은 가정환경에 열등감이 있습니다. 나도 열등감이 있습니다. 다른 것에는 열등감이 별로 심하지 않은데 공에 대해서는 심각한 열등감을 느낍니다. 공을 보는 순간 평안이 사라지고 마음이 굳는 것을 느낍니다. 공을 보는 순간 아주 작고 확신이 없는 사람이 됩니다. '저 공은 나를 좋아하지 않을 거야. 내가 차도 내 발에 맞지 않겠지만, 찬다 해도 엉뚱한 데로 갈 거야.' 이런 못된 확신이 내 마음에 있습니다.

목회를 하면서 나는 많은 성도에게 있는 열등감 하나를 발견하였습니다. 많은 성도가 겪는 열등감, 어쩌면 한 평생, 죽을 때까지 해결하지 못하는 열등감은 바로 '기도 열등감'입니다. 누군가가 불쑥 기도시킬까봐 겁납니다. 기도가 좋다는 것도 알고 기도해야 한다는 것도 알지만 기도를 생각하면 마음이 답답해집니다. 기도를 생각하면 별안간 작아지는 자신을 느낍니다. 기도를 생각하면 부담이 목 끝까지 차오릅니다. 사탄은 이것을 사용해서 크리스천의 마음에서 기도의 열정과 기쁨, 확신을 도둑질합니다. 그래서 한평생 누려야 할 기도의 권능과 축복을 성도에게서 빼앗습니다. 한평생 주를 모시고 살아가지만 기도 맛을 모르는 크리스천으로 죽게 만드는 것이 사탄의 계획입니다. 그 악한 꼼수를 꿰뚫어 보아야 합니다.

우리가 담대히 기도할 수 있는 이유

아멘이라는 말은 "기도를 마치겠습니다", "하나님, 안녕히 계세요"라는 의미의 작별인사가 아닙니다. 마르틴 루터는 아멘이라는 말을 "그렇습니다! 그렇습니다! 반드시 그렇게 될 것입니다!"(Yes! Yes! It will be done!)라고 정의했습니다. 기도가 끝나고 자리에서 일어날 때 이러한 마음의 열정과 기쁨, 확신으로 일어나기 원합니까? 어떻게 하면 그럴 수 있을까요? 기도를 도대체 얼마나 더 해야 그런 확신이 생길까요? 기도를 얼마나 더 유창하게 해야 그런 일이 벌어질까요? 이런 질문이 당신 마음을 누른다면 이 장의 내용은 당신을 위한 것입니다. 당신의 마음에 사탄이 쳐둔 거미줄들을 하나님이 싹 걷어주실 것입니다. 사실은 예수님이 가르쳐주신 기도 맨 끝에 이미 그 답이 들어 있습니다. "나라와 권세와 영광이 아버지께 영원히 있사옵나이다. 아멘."

그런데 이 부분의 기도에 대해 한 가지 말씀드릴 것이 있습니다. 성경을 자세히 보면 "나라와 권세와 영광이 아버지께 영원히 있사옵나이다"라는 말 앞뒤에 괄호가 있습니다. 그리고 그 장 아래의 각주를 보면 '고대 사본에 이 괄호 내 구절이 없음'이라고 적혀 있습니다. 성경을 연구하는 학자들은 우리 성경이 번역된 고대 역본에는 이 구절이 없고 "다만 악에서 구하시옵소서"로 끝난다는 것을 지적합니다. 그런데 그로부터 조금 더 세월이 지난 후의 사본을 보면 이 구절이 들어 있습니다. 사본 학자들은 "예수님이 이 말씀을 하시지 않았다. 이 부분은 초대교회의 옛 지도자와 성도가 모든 기도를 찬미로 맺었던 유대인들의 전통에 따라 초대교회도 그렇게 기도했었기 때문에 여기에 이 구절을 첨가했을 것이다"라고 주장합니다. 그러나 이 마지막 부분은 굉장히 중요합니다. 개역개정 성경에는 없지만 개역한글 성경에는 "대개"라는 말이 들어 있었습니다. "대개 나라와 권세와 영광이 아버지께 영원히 있사옵나이다." 이 '대개'라는 말은 영어로는 'for', 그리스어로는 '호티'(*hoti*), 우리말로는 '왜냐하면'입니다. 이 작은 접속사 하나는 큰 의미를 갖습니다. 이 두 글자를 문장으로 풀면 다음과 같습니다.

> 우리가 이렇게 기도하는 것을 하나님이 접수하고 응답하실 것이라는 확신의 근거는 나라와 권세와 영광이 아버지께 영원히 있기 때문입니다. 우리는 그것을 믿습니다. 아멘.

이 마지막 부분의 기도는 앞에서 올린 기도를 하나님이 실제로 들으셨고, 그분이 가장 좋은 결론으로 응답하실 것이라는 확신에 대한 근거가 되기 때문에 여기서 빠져서는 안 됩니다. 그래서 우리가 주기도문에서 꼭 이 말로 기도를 마치는 것입니다.

어느 날은 기도할 때, 가슴이 뜨겁습니다. 그러면 하나님이 내 기도를 들으신 것 같이 느껴집니다. 어느 날은 기도가 술술 입에서 쏟아져 나가듯 잘 나옵니다. 그러면 우리는 하나님께 내 기도가 들려졌다고 확신합니다. 반대로 기도가 엉키고 혀가 꼬이며 버벅대는 기도를 하는 날도 있습니다. 그럴 때 하나님이 이 기도는 안 들으실 거라고 생각합니다. 속지 마십시오. 그렇지 않습니다. 하나님은 기도 시간이 얼마나 진지했는지, 가슴이 얼마나 뜨거웠는지 상관치 않으십니다. 하나님이 당신의 기도를 듣고 응답하시는 것은 당신 마음의 감정과 아무런 관계가 없습니다. 우리의 기대, 기도의 길이, 기도의 분위기, 기도의 유창함과도 관계없습니다. 심지어 나의 선함이나 교회 안에서의 직함과도 아무런 관계가 없습니다. 다시 말하지만 기도의 초점은 내가 아닙니다. 기도의 초점은 하나님이십니다. 어떤 분이 내 기도의 대상인가가 기도의 초점입니다. 내 기도를 하나님이 들으셨다고 확신할 수 있는 근거는 오직 하나님, 그분이 하나님이시기 때문입니다. 우리 하나님은 어떤 하나님이십니까? 크고 신실한 하나님이십니다. 내 기도가 하나님께 상달된 확신을 품고 기쁨과 열정으로 자리에서 일어나기 원한다면, 다음 두 가지를 기억해두십시오. 기도를 끝낼 때 아버지를 높이는 기도로 끝내십시오. 또한 아버지에 대한 믿음을 확인하는 말로 기도를 끝내십시오.

아버지를 높입니다

왜 이 말을 해야 할까요? 내가 지금까지 간구한 모든 간구를 들으시는 실제적인 힘이 하나님께 있다는 사실을 확인하는 절차이기 때문입니다. 이 기도가 의미하는 것은 무엇일까요? "하나님 한 분만이 참 왕이십니다"라는 뜻입니다. 나라는 "하나님이 모든 것을 다스리시는 왕이십니다." 권세는 "하나님은 명분과 지위만이 아닌 실제적인 권세를 가진 분이십니다. 우리 하나님은 영광스러운 왕이십니다. 우리 하나님은 지위, 권세, 영광을 지니신 영원한 왕이십니다"라는 뜻입니다.

우리의 하나님은 한 분밖에 계시지 않기에 그분을 '하나님'이라고 부르는 것입니다. 우리가 '하느님'이라는 전통적인 신 개념을 몰라서 하나님이라고 부르는 것이 아닙니다. 초대교회 선배들이 한글성경을 번역할 때 신을 뭐라고 번역할까 고민했을 것입니다. 우리나라에는 하느님이라는 신 개념이 이미 있었습니다. 그러나 성경에서 자신을 계시하신 신을 하느님이라고 하면 땅을 다스리는 지신과 바다를 다스리는 해신처럼 우리 하나님은 하늘을 다스리는 하늘 신으로, 곧 국지적(局地的)인 신으로 전락하고 맙니다. 땅과 바다와 하늘과 우주와 눈에 보이는 것과 보이지 않는 모든 만물을 창조하시고 소유하시며 지금도 운행하시는 유일한 창조주 하나님은 여호와 하나님 한 분밖에 없습니다. 앞에서도 말한 바 있지만, 이 세상 신들은 모두 다 하나님을 잃어버린 빈자리를 채우기 위해 인간이 디자인하고 창조해 낸 인간의 피조물에 불과한 신입니다. 에덴동산에서 하나님을 떠나 하나님을 잃어버린 그 빈자리를 채워 넣기 위해 만든 모조 신들입니다. 우리 하나님은 그런 존재가 아닙니다. 그분께만 영원한 왕의 지위와 권세, 영광이 있습니다.

나는 오래전부터 이집트에 가보고 싶은 소원을 품고 있었습니다. 어느 날, 소원대로 이집트 땅을 밟게 되었습니다. 이집트는 대단한 역사가 있는 나라입니다. 전 세계에 존재하는 왕국 중 가장 오래된 왕국입니다. 이집트의 바로는 성경에 기록된 그대로 절대 군주였습니다. 이집트의 쿠푸왕(Pharaoh Khufu) 이야기를 하겠습니다. BC 2600년경 이집트를 다스리던 쿠푸왕은 사후에도 이집트를 다스리기 위하여 2.5톤짜리 돌 250만 개를 끌어다가 어마어마한 피라미드를 지었습니다. 한 해에 2-3억에 이르는 사람들을 동원하여 사후 궁전을 만들었습니다. 그러나 쿠푸왕의 권세가 지금 어디에 있습니까? 세계 7대 불가사의로 불리는 저 돌무더기 속에 있습니다. 그리고 도굴범들이 약탈해 낸 유물 안에 있습니다. 화려한 관 속에 바짝 말라버린 뼈와 새까맣게 말라붙은 가죽의 미라로 남아 있을 뿐입니다.

바빌로니아는 얼마나 큰 제국이었습니까? 세기의 제국 바빌로니아는 지금 대영 박물관 유리관 속에나 들어 있습니다. 앗시리아는 얼마나 큰 제국이었습니까? 로마 제국은 얼마나 큰 제국이었습니까? 그 나라들은 다 어디로 갔고, 그 하늘을 찌를 듯한 권세를 휘두르던 왕들은 다 어디로 갔습니까? 일어났다가는 없어지고 세워졌다가는 무너지는 이 땅 왕들의 권세들과 비교해 보십시오. 하나님의 왕권은 이 땅 왕들의 영광과는 비교할 수 없습니다.

우리는 나라와 권세와 영광을 영원히 지니신 그 하나님을 아버지로 모시고, 그 아버지께 기도하는 것입니다. 그런 하나님께 기도하기 때문에 우리 기도를 하나님이 들으실 수 있다는 확신이 있는 것입니다. 모든 아버지는 자녀에게 좋은 것을 주고 싶어 합니다. 그러나 좋은 것을 줄 수 있는 능력이 없습니다. 우리 아버지 하나님은 우리에게 좋은 것을 주고 싶어 하실 뿐 아니라 좋은 것을 줄 수 있는 능력도 있으십니다. 우리 하나님은 무엇이 우리에게 진정으로 최상의 것인지 아는 아버지이십니다. 그 하나님이 얼마나 크신 분이신지 인식하고 확신하는 것만큼 말입니다. 그러면 그 사람의 기도와 삶이 확신에 차게 됩니다. 다윗은 얼마나 확신에 찬 삶을 살았는지요! 다윗이 지녔던 확신의 근거는 크신 하나님에 대한 인식에서 출발합니다. 다윗은 하나님을 이렇게 노래합니다. 다윗이 노래하는 하나님과 우리가 노래하는 하나님이 같은지 한번 살펴보십시오.

> 여호와여 광대하심과 권능과 영광과 이김과 위엄이 다 주께 속하였사오니 천지에 있는 것이 다 주의 것이로소이다 여호와여 주권도 주께 속하였사오니 주는 높으사 만유의 머리심이니이다 부와 귀가 주께로 말미암고 또 주는 만유의 주재가 되사 손에 권세와 능력이 있사오니 모든 자를 크게 하심과 강하게 하심이 주의 손에 있나이다(대상 29:11-12).

다윗이 인식하고 의지했던 하나님은 보이는 것과 보이지 않는 모든 것, 온 천하 만물을 지으시고 소유하시며 다스리시는 큰 손을 가진 하나님이셨습니다. 다윗의 고백을 간략하게 줄이면 다음과 같습니다. "나라와 권세와 영광이 아버지께 영원히 있사옵나이다."

당신도 그렇게 믿습니까? 정말 그런 분을 믿는다면 기도해놓고 '이렇게 큰 기도까지 하나님이 들으실 수 있으시려나?' 하는 회의감으로 기도를 끝내지 않을 것입니다. 우리의 기도는 반드시 접수됩니다. 우리의 기도는 반드시 응답됩니다. 영원한 권세와 지위, 영원한 권능을 지니신 하나님이 우리 아버지이시기 때문입니다. 그러므로 기도를 마칠 때 그것이 어떤 기도가 되었든 나라와 권세와 영광을 지니신 하나님께 초점을 두어야 우리가 확신을 가지고 기도의 자리에서 일어날 수 있습니다.

아버지를 믿습니다

또한 반드시 이렇게 기도를 맺으십시오. "나는 아버지를 믿습니다. 아멘." 아멘이라는 말은 '꼭 그렇게 될 줄 믿습니다'라는 뜻입니다. 기도할 때 반드시 응답이 있습니다. 하나님이 큰 분이시기 때문입니다. 또한 우리와 개인적인 관계가 있으시기 때문입니다. 어떤 관계입니까? 아버지와 자녀의 관계입니다. 그러나 부자 관계일지라도 하나님이 변덕스러우시다면 큰 문제입니다. 그러나 감사하게도 우리 하나님은 신실한 분이십니다. 믿을 수 있는 분이십니다. 신실한 하나님의 신실한 약속을 신뢰할 때 우리는 기도가 응답되었다는 사실을 알게 됩니다.

하나님이 아침저녁으로 상태가 바뀌는 독재자 같은 분이시라면 우리는 언제나 비참할 겁니다. 늘 그 비위를 맞추기 위해 눈치 보는 삶을 살아야 할 것입니다. 그러나 우리는 그럴 필요가 없습니다. 하나님은 예측 불가능한 변덕쟁이가 아니십니다. 하나님이 하시는 일은 언제나 같습니다. 하나님이 어떤 분이신지 알기 원한다면 예수님을 보면 됩니다. 성경은 이렇게 말씀합니다.

예수 그리스도는 어제나 오늘이나 영원토록 동일하시니라(히 13:8).

우리 아버지이신 하나님은 신실하십니다. 그분 때문에 사계가 펼쳐지고 그분 때문에 오늘도 우리는 이렇게 하나님을 신뢰할 수 있는 것입니다. 우리는 그 하나님의 약속을 믿어야 합니다.
신실하신 예수님이 우리의 기도를 들어주겠다고 약속하셨습니다.

구하라 그러면 너희에게 주실 것이요 찾으라 그러면 찾을 것이요 문을 두드리라 그러면 너희에게 열릴 것이니 구하는 이마다 얻을 것이요 찾는 이가 찾을 것이요 두드리는 이에게 열릴 것이니라(마 7:7-8).

신실하신 예수님이 우리에게 최상의 것으로 응답하겠다고 약속하셨습니다.

너희 중에 누가 아들이 떡을 달라 하면 돌을 주며 생선을 달라 하면 뱀을 줄 사람이 있겠느냐 너희가 악한 자라도 좋은 것으로 자식에게 줄줄 알거든 하물며 하늘에 계신 너희 아버지께서 구하는 자에게 좋은 것으로 주시지 않겠느냐(마 7:9-11).

이 신실하신 하나님, 약속을 반드시 지키시는 아버지 때문에 우리가 기도한 것이 이미 접수되고 응답되었음을 믿는 것입니다. 믿음에는 문법적인 시제 일치가 통하지 않습니다. 내가 지금 기도하면 미래에 응답이 되어야 하는데, 성경은 이미 과거에 응답된 것처럼 시제를 바꾸어 말씀할 때가 많습니다.

그를 향하여 우리의 가진 바 담대한 것이 이것이니 그의 뜻대로 무엇을 구하면 들으심이라 우리가 무엇이든지 구하는 바를 들으시는 줄을 안즉 우리가 그에게 구한 그것을 얻은 줄을 또한 아느니라(요일 5:14-15).

이 말씀을 잘 읽어야 합니다. "우리가 그에게 구한 그것을 '얻을 줄'을 아니라"고 말씀하지 않습니다. 미래의 어느 시점에 가면 될 일로 말하지 않습니다. "우리가 그에게 구한 그것을 '얻은 줄을' 또한 아느니라"고 말씀합니다. 기도는 지금 했는데, 응답은 과거에 이미 이루어진 것으로 약속되어 있습니다. 나는 이런 어법을 '확신 시제'라고 부릅니다. 그것이 너무나 확실해서 미래에 일어날 일을 과거에 일어난 것처럼 말하는 표현법입니다. 우리가 기도할 때 이미 주님이 과거에 다 이루어 놓은 것처럼 우리의 기도를 접수하고 응답하겠다고 말씀하시는 것입니다.

> 주기도를
> 내 기도로
> 변환하기

"나라와 권세와 영광이
아버지께 영원히 있사옵나이다 아멘"

1단계 만물을 만들고 통치하는 영원한 왕이신 하나님 아버지의 손을 상상하며 왼손을 주먹쥐고, 내 기도가 그분의 전능한 손과 내 열악한 현실을 연결하는 통로가 됨을 확신하는 마음으로 오른손으로 왼손 엄지를 꽉 움켜잡습니다. 그리고 마음의 소원을 담아 말씀드리십시오.

잘하셨습니다. 그것만으로도 훌륭한 기도입니다. 그러나 한 발자국 더 나아가야 합니다. 이제 2단계로 가십시오.

2단계 하나님을 붙드는 왼손과 하나님이 붙드시는 오른손을 유지한 채, 눈을 감고 날줄기도를 고백하십시오. "아버지를 높입니다. 아버지를 믿습니다."

훌륭합니다. 이제 당신의 기도는 제대로 된 틀을 갖추기 시작하였습니다. 그러나 당신의 기도답게 좀 더 살이 붙기를 바란다면 이제 3단계로 가십시오.

3단계 하나님을 붙드는 왼손과 하나님이 붙드시는 오른손을 유지한 채, 눈을 감고 두 개의 날줄기도에 간단한 씨줄기도를 엮어보십시오. "아버지를 높입니다. 어떤 하나님이시기 때문에…", "아버지를 믿습니다. 왜냐하면…"

일단 정지! 잠시 책을 내려놓으십시오. 지금은 주기도를 내 기도로 변환하는 연습을 하는 시간입니다. 짧고 간단하게라도 자신만의 기도 카펫을 짜보십시오.

보십시오, 당신도 기도할 수 있지 않습니까? 주기도가 당신의 기도로 변환되고 있습니다. 짧은 시간에 당신은 크리스천 기도의 기본형을 배운 것입니다. 이 기본형이 몸에 익을 때까지 4단계는 접어두십시오. 3단계가 익숙해졌을 때 4단계에 도전해보십시오.

4단계 주기도의 날줄기도에 당신의 씨줄기도를 더 풍성하게, 실제적으로 결합하는 연습을 하십시오. 먼저는 기도를 듣기 기뻐하시고 기도에 응답하시는 하나님의 위대한 사랑과 능력을 들어 하나님을 높이고, 하나님의 신실하심과 그분의 약속들을 들어 기도에 응답하실 것을 신뢰하는 믿음을 고백하십시오. 당신의 말로 기도를 적으십시오. 글씨로 쓸 때 집중력이 높아지고 생각도 더 명확하게 정리됩니다.

"아버지를 높입니다. 아버지를 믿습니다."

1 기본적이고 일반적인 기도

○ 만왕의 왕, 만주의 주 하나님에 대한 찬양(대상 29:11-12, 삼상 2:6-7)

● 그 하나님이 내 기도를 들으시는 아버지 되심을 확신하는 고백
(시 116:1-2, 마 7:7-11)

- ○ 내 기도를 들으시는 주님의 약속을 확신하는 고백(렘 33:3, 시 81:10하, 요일 5:14-15)

- ● 생각나는 성경 구절이나 성경 이야기

- ○ 떠오르는 찬송이나 찬양

2 상황적이고 구체적인 기도

- ○ "제가 드린 기도를 들으실 하나님을 믿습니다."

- ● "제가 드린 이 기도에 응답하심으로 하나님이 영광 받으시기 원합니다."

10

크리스천 기도 실습

지금까지 설명한 모든 조각이 어떻게 한 그림으로 조합되는지 확인할 필요가 있습니다. 주기도의 틀에 걸린 날줄에 내 개인적인 상황의 씨줄이 직조되는지 확인하면 더 실제적이고 상세한 그림이 그려질 것입니다. 이번 장의 내용은 내가 매일 주 앞에 아뢰는 실제 기도의 예입니다. 내가 드리는 이 기도는 매일마다 더해지고 새로워지는 진행형의 '공사 중' 기도입니다. 그럼에도 이 기도문을 여기에 싣는 이유는 당신이 자신의 기도를 확립하도록 돕기 위해서입니다. 그러나 사람마다 삶의 상황이 다르고, 한 사람의 삶이라 해도 상황은 매일 달라지므로 자신의 기도로 전환하고 확장할 수 있도록 여백을 남겨놓았습니다. 이러한 목표를 이루기 위해 날줄은 **고딕체**로, 씨줄은 명조체로, 자신이 확장해 나가야 할 부분은 *필기체*로 기록하였습니다. 특히 하나님의 말씀에 내 기도를 꼬아서 씨줄로 만드는 게 어떤 것인지 보여주려고 그 간구의 근간이 되는 성경 구절을 각주로 표시해 놓았습니다. 이 장의 여백에 당신이 개발하여 발전시킬 수 있는 기도의 통찰과 새로운 아이디어를 적어 주기도를 당신의 충만한 기도로 변환하십시오. 자, 이제 주기도를 내 기도로, 내 기도를 주기도로 바꾸는 크리스천 기도 카펫을 짜보도록 할까요?

하늘에 계신 우리 아버지여

아버지를 사랑합니다. 제 마음을 다하고 뜻을 다하고 힘을 다하여 하나님을 사랑합니다.[1] 아버지 하나님 여호와는 오직 유일한 하나님이십니다.[2] 하나님만이 참 하나님이십니다. 이 땅의 모든 신은 잃어버린 하나님 자리를 메우기 위해 인간이 만든 신일 뿐입니다. 하나님만이 인간을 만든 참 신이시며 하나님 외에 다른 신은 없습니다. 하나님 같은 분은 없습니다.[3] 아버지이신 나의 하나님, 아버지의 위대한 능력을 인해 아버지를 사랑합니다. 다윗이 노래한 것처럼, 위대하심과 권능과 영광과 승리와 위엄이 다 주께 속하였습니다. 천지에 있는 것이 다 주의 것입니다. 아버지 주권도 주께 속하였사오니 주님은 높으사 만물의 으뜸이 되십니다. 부와 귀가 주로 말미암습니다. 아버지는 만물의 주재가 되사 손에 권세와[4] 능력이 있사오니 모든 사람을 크게 하심과 강하게 하심이 주의 손에 있습니다. 그 크고 두려우신 하나님이 상종할 수 없는 작고 악한, 사랑스럽지도 않고 사랑할 가치도 없는 존재를 사랑해주셨습니다.[5] 하나님은 저를 위해 독생자 예수님을 보내주셔서[6] 그를 믿는 제가 하나님의 자녀가 되게 해주셨습니다.[7] 하나님은 그 아들 예수님께 그러셨듯이 저를 너무나 사랑하시며 기뻐하십니다.[8] 하나님은 이렇게 말씀하셨습니다. "너의 하나님 여호와가 너의 가운데에 계시니 그는 구원을 베푸실 전능자이시라 그가 너로 말미암아 기쁨을 이기지 못하시며 너를 잠잠히 사랑하시며 너로 말미암아 즐거이 부르며 기뻐하시리라."[9] 제가 이 우울한 땅에 살면서도 하늘의 기쁨으로 기뻐하고 이 낮은 땅에 살면서도 높은 곳에 꿈을 두며, 궁핍한 땅에 살면서도 하늘의 부요를 누리는 것은 하나님이 저

---

1. 신 6:5   2. 신 6:4   3. 사 46:9   4. 대상 29:11-12   5. 롬 5:8   6. 요 3:16   7. 요 1:12
8. 마 3:17   9. 습 3:17

를 사랑하시고 기뻐하시기 때문입니다. 하나님 아버지, 저를 위해 큰 비용을 지불하셨는데 제게는 그 사랑의 빚을 갚을 방법이 없습니다. 아버지, 평생 저도 비가 오나 눈이 오나 마음을 다하고 뜻을 다하고 힘을 다하여 하나님을 사랑하겠습니다.[10] 평생 하나님을 기뻐하며 살겠습니다.

현재 상황에서 하나님에 대한 사랑을 고백하며 표현하십시오.

"나의 _____ 이신 아버지를 사랑합니다."

아버지께 감사합니다. 나의 나 된 것은 모두 하나님의 은혜입니다.[11] 하나님은 제 육적, 영적 생명의 은인이십니다. 하나님이 제 생명을 시작되게 하셨고, 하나님이 저를 이런 모양, 이런 기질, 이런 성격, 이런 재능으로 디자인하셨습니다.[12] 그러나 죄의 DNA를 가지고 태어나 하나님의 의도대로 살 수 없게 손상된 저를 회복시키시려고 예수님의 생명을 지불하셨습니다.[13] 아버지, 성령을 통해 내 안에, 나와 함께, 나를 통해 사시는[14] 하나님의 자녀로 삼아 주신 것에 감사합니다.[15] 언제라도 긍휼하심을 받고 때를 따라 돕는 은혜를 얻기 위하여 은혜의 보좌 앞에 담대히 나아갈 특권을 주심에 감사합니다.[16] 제가 무엇이기에 주께서 저 같은 것을 돌아보십니까?[17] 아버지께서 베푸신 이 모든 은혜를 무엇으로 보답해야 할까요?[18]

---

10. 신 6:5   11. 고전 15:10상   12. 시 139:13-14   13. 요 10:10   14. 갈 2:20   15. 롬 8:14-15
16. 히 4:16   17. 삼하 9:8   18. 시 116:12

현재의 상황에서 떠오르는 구체적인 감사의 이유들을 들어 감사하십시오.

"내게 _____ (해)주신 아버지께 감사합니다."

이 상황에서 성령이 떠올려 주시는 말씀에 잠시 마음의 귀를 기울여 들으십시오. 기도는 독백이 아니라 아버지 하나님과 나누는 대화입니다. 이 상황에서 성령이 감동을 주시는 찬양이 있습니까? 지금 그 찬양을 주께 드리십시오.

이름이 거룩히 여김을 받으시오며

하나님 아버지, 나를 주께 드립니다. 주께서 나를 지으셨고, 주께서 죄와 죽음과 지옥과 사탄과 세상과 육의 오중(五重) 노예로 허덕이던 나를 구속하셨습니다.[19] 단지 저를 노예 신분에서 해방시키신 게 아니라 친히 자녀로 삼으셨습니다. "내가 하나님의 모든 자비하심으로 너희를 권하노니 너희 몸을 하나님이 기뻐하시는 거룩한 산 제물로 드리라 이는 너희가 드릴 영적 예배니라."[20] 그 옛날 히브리 종은 주인의 은혜와 사랑을 평생 몸으로 갚기 위해 귀를 뚫었습니다.[21] 갚을 길 없는 하나님의 은혜에 감사하며 나를 주께 드립니다. 늘 울어도 눈물로써 못 갚을 줄 알아 몸밖에 드릴 것 없어 이 몸 드립니다.

19. 엡 1:7   20. 롬 12:1   21. 출 21:5-6

현재의 상황에서 떠오르는 구체적인 헌신을 고백하십시오.

"주님, 저의 (직면한 문제, 상황, 삶의 영역, 주께 드리고 싶은 것 등)
_____ 을(를) 주께 올려 드립니다."

주님, 제게 새로운 삶의 목표와 동기, 소원이 있습니다. 주께 영광되길 원해요. 살든지 죽든지, 언제 어디서 누구와 무슨 일을 하든지 주의 영광, 주의 기쁨이 되길 원합니다. "그런즉 너희가 먹든지 마시든지 무엇을 하든지 다 하나님의 영광을 위하여 하라."[22] 주께서 값 주고 사신 이 몸으로 하나님께 영광을 돌리기 원합니다.[23] 살든지 죽든지 내 몸에서 그리스도가 존귀하게 되길 원합니다.[24] 하나님, 오늘 하루도 내 입의 말과 마음의 묵상이 주님 앞에 열납 되기를 원합니다.[25] 오늘도 누구와 무슨 일을 하든지 그리스도의 편지요[26] 그리스도의 향기요[27] 그리스도의 제자요 그리스도의 대사로[28] 살면서 주님의 이름을 높이길 원합니다.[29]

자신이 처한 현재의 구체적인 상황을 주의 이름을 높이는 영광의 기회로 만들게 해달라고 기도하십시오.

"_____ 함으로(됨으로) 거울처럼 주님의 영광을 반사하기 원합니다."

22. 고전 10:31   23. 고전 6:19하-20   24. 빌 1:20   25. 시 19:14   26. 고후 3:3
27. 고후 2:15   28. 고후 5:20   29. 마 5:16

이 상황에서 성령이 떠오르게 하시는 말씀에 잠시 마음의 귀를 기울여 들으십시오. 기도는 독백이 아니라 아버지 하나님과 나누는 대화입니다. 이 상황에서 성령이 감동을 주시는 찬양이 있습니까? 지금 그 찬양을 주께 드리십시오.

나라가 임하시오며

예수님은 왕이십니다.[30] 하나님은 저의 하나님이시요 저는 주께서 기르시는 백성이며 주님의 손이 돌보시는 양입니다.[31] 예수님, 예수님은 왕이십니다. 보이는 것이든 보이지 않는 것이든 이 세상 모든 만물을 주의 손으로 지으셨습니다. 예수님은 존재하는 모든 만물의 주인이시며 통치자이십니다.[32] 이 비천한 제가 그 전능의 통치자를 왕으로 모시고 살게 됨을 감사합니다.[33] 왕이신 나의 하나님이여, 내가 평생 주를 높이고 영원히 주의 이름을 송축하길 원합니다.[34]

> 자신이 처한 현재의 구체적인 상황에서 주님이 왕으로 다스리시도록 초청하십시오.
> "예수님은 (이 문제, 이 부분, 이 영역) _____ 의 왕이십니다."

주님, 나를 다스리소서. 이전에 저는 삶의 모든 영역을 마음대로 할 수 있다고 믿었던 저 자신의 왕이었습니다. 그러나 이제는 예수님이 저의 왕이십니다. 제 모

---

30. 시 47:7 31. 시 95:7 32. 골 1:15-17 33. 고후 4:7 34. 시 145:1

든 삶의 영역을 주의 다스림 아래 내려놓습니다. "육신을 따르는 자는 육신의 일을, 영을 따르는 자는 영의 일을 생각하나니 육신의 생각은 사망이요 영의 생각은 생명과 평안이니라 육신의 생각은 하나님과 원수가 되나니 이는 하나님의 법에 굴복하지 아니할 뿐 아니라 할 수도 없음이라 육신에 있는 자들은 하나님을 기쁘시게 할 수 없느니라."[35] 성령님, 저를 다스려주십시오. 그 옛날 성전에 임재하신 하나님의 충만한 영광이 제 삶을 다스리시길 기도합니다. 하나님, 제 삶의 지성소 같은 영혼의 왕좌에 좌정하시고 제 중심을 다스리시옵소서. 성소 같은 저의 지성과 감정, 의지를 다스려주시옵소서. 성전 뜰 같은 저의 생각과 말과 태도와 행동을 다스려주시옵소서.[36] 성전 밖 세상 같은 저의 모든 관계와 삶의 영역, 사역을 다스려주시옵소서. 저는 하나님을 주왕(主王)으로 모신 부왕(副王)으로 살겠습니다.

> 성막의 모양을 상상하며 자신의 내면에서 시작하여 외부 사역에 이르는 삶의 모든 영역을 주가 다스리시도록 내려놓으십시오.
>
> "예수님, 왕으로서 저의 (아직도 예수님께 내어드리지 못하고 갈등하는 영역이나 상황) _____ 을 다스려주십시오."

주님의 통치가 날마다 내 안에서 내 밖으로, 내 밖에서 온 땅으로 확장되길 기도합니다.

---

35. 롬 8:5-8 36. 고후 10:5

○ 하나님, 우리 가정을 다스려주시옵소서.

가족과 가정사, 가정의 구체적인 문제들을 주의 은혜의 통치 아래 내려놓으십시오.

"예수님, 우리 가정의 왕으로서 _____ 을 다스려 주십시오."

● 우리 교회를 다스려주시옵소서.

소속된 교회와 한국교회의 지도자들과 사역, 교회 문제들을 주의 은혜의 통치 아래 내려놓으십시오.

"예수님, 우리 교회의 왕으로서 _____ 을 다스려 주십시오."

○ 제가 심긴 작은 세상인 직장, 이웃, 학교를 다스려주시옵소서.

자신이 속한 작은 세상에서 일어나는 구체적인 문제들을 주님의 은혜의 통치 아래 내려놓으십시오.

"예수님, 제가 심긴 작은 세상의 왕으로서 _____ 을 다스려주십시오."

● 우리나라를 다스려주시옵소서. 이 나라의 지도자들과 당면한 문제들을 다스려주시옵소서.

구체적으로 나라의 지도자들과 상황과 문제들을 주의 은혜의 통치 아래 내려놓으십시오.

"예수님, 이 나라의 진정한 통치자로서 _____을 다스려주십시오."

○ 세계를 다스려주시옵소서. 복음으로 하나님 나라를 확장하기 위해[37] 일하는 선교사님들과 선교기관들을 위해 기도합니다.

구체적으로 선교사님들과 선교 지도자들과 선교 상황들과 문제들을 주의 은혜의 통치 아래 내려놓으십시오.

"예수님, 온 세계의 왕으로서 주님의 나라가 확장되도록 _____을 다스려주십시오."

● 주께 인도하기 원하는 미래 신자의 구원을 위해 기도합니다.

구체적으로 하나님 나라로 인도하고자 하는 미래 신자의 이름과 상황을 주의 은혜의 통치 아래 내려놓으십시오.

"예수님, 제가 사랑하는 _____가 예수님을 만나도록 상황과 마음을 다스려주십시오."

---

37. 행 1:8

이 상황에서 성령이 떠오르게 하시는 말씀에 잠시 마음의 귀를 기울여 들으십시오. 기도는 독백이 아니라 아버지 하나님과 나누는 대화입니다. 이 상황에서 성령이 감동을 주시는 찬양이 있습니까? 지금 그 찬양을 주께 드리십시오.

뜻이 하늘에서 이루어진 것 같이 땅에서도 이루어지이다

왕이신 나의 하나님, 주님 뜻이 하늘에서 이루어진 것 같이 땅에서도 이뤄지길 기도합니다. 제가 만나는 모든 일의 최선을 아시는 분은 하나님이십니다.[38] 예수님은 저로 생명을 얻게 하고 더 풍성히 얻게 하려고 오셨습니다.[39] 저를 위한 놀라운 계획을 가지신 주님을 믿습니다.[40] 언제 어디서 무슨 일을 만나든지 제 뜻이 아닌 주님의 뜻이 이루어지길 기도합니다.[41]

현재의 구체적인 상황에서 당면하고 있는 그 일이 내 뜻도, 남의 뜻도 아닌 예수님의 뜻대로 이루어지길 기도하십시오.

"제가 직면한 (사건이나 상황) _____ 에서 주님의 뜻이 이루어지길 원합니다."

---

38. 시 139:1-4　39. 요 10:10　40. 렘 29:11　41. 눅 22:42

왕이신 나의 하나님, 주님 뜻을 이뤄드리길 원합니다. 오늘도 주왕이신 하나님을 모셔 섬기는 부왕으로서 하나님의 좋은 동역자가 되기 원합니다.[42] 작은 일이라도 내 뜻이 아닌 주 뜻대로 하도록 저를 깨우쳐주옵소서. 하나님의 선하시고 기뻐하시고 온전하신 뜻이 무엇인지 분별하게 하옵소서.[43] 하나님과 마음과 생각, 뜻이 통하는 하나님의 동역자로 서기 원합니다. 오늘도 언제 어디서 무슨 일을 하든지 충성스럽게 주의 뜻을 이루어드리게 하옵소서. 주 예수님이 땅에 계실 때 하나님의 뜻을 이루는 것을 양식으로 여기신 것처럼[44] 저도 그럴 수 있게 도와주십시오. 무슨 일을 하든지 마음을 다하여 주께 하듯 하고 사람에게 하듯 하지 않게 하소서.[45] 그 일이 힘들고 어려워도 충성스럽게 감당함으로 추수하는 날의 얼음 냉수 같은 종으로 살게 하옵소서.[46] 천국에서 "잘하였도다 착하고 충성된 종아 네가 적은 일에 충성하였으매 내가 많은 것을 네게 맡기리니 네 주인의 즐거움에 참여할지어다"[47] 하는 칭찬을 듣는 충성스런 종이 되게 해주소서.

믿음속에 십자가로 나눠진 네 분면을 그리십시오. 서북쪽은 하나님과의 관계, 동북쪽은 나 자신과의 관계, 동남쪽은 이웃과의 관계, 서남쪽은 세상과의 관계입니다. 서북쪽에서 시작하여 시계 방향으로 돌면서 각 관계 속에서 내가 해야 할 일들을 놓고 기도하십시오.

"예수님 제가 해야 하는 (일, 책임, 사건, 사명 등)
_____ 을 통해 제가 주님의 뜻을 이루어드리길 원합니다."

---

42. 고전 3:9   43. 롬 12:2   44. 요 4:34   45. 골 3:23   46. 잠 25:13   47. 마 25:21

이 상황에서 성령이 떠오르게 하시는 말씀에 잠시 마음의 귀를 기울여 들으십시오. 기도는 독백이 아니라 아버지 하나님과 나누는 대화입니다. 이 상황에서 성령이 감동을 주시는 찬양이 있습니까? 지금 그 찬양을 주께 드리십시오.

오늘 우리에게 일용할 양식을 주시옵고

하나님 아버지, 항상 좋은 것으로만 주시는 좋으신 아버지이십니다.[48] 제게는 주님을 영화롭게 하고, 주님의 나라를 나타내고, 주님의 뜻을 이룰 힘이 없습니다. 예수님이 말씀하셨습니다. "나는 포도나무요 너희는 가지라 그가 내 안에, 내가 그 안에 거하면 사람이 열매를 많이 맺나니 나를 떠나서는 너희가 아무 것도 할 수 없음이라."[49] 하나님의 일은 전적으로 주께서 공급하시는 풍성한 힘으로 이루어지는 것을 믿습니다.[50] 주님께서 약속하셨습니다. "구하라 그리하면 너희에게 주실 것이요 찾으라 그리하면 찾아낼 것이요 문을 두드리라 그리하면 너희에게 열릴 것이니."[51]

우선, 하늘 복을 주옵소서. 성령님이 아니시면 주님이 원하시는 삶을 사는 것은 불가능합니다.[52] 저를 성령으로 충만하게 채워주옵소서.[53] 제 말, 태도, 삶에 성령의 열매가 가득하게 하옵소서.[54] 성령으로 제 길을 인도하시고 진리를 깨닫게 하여주옵소서. 진리의 성령이 오시면 그가 우리를 모든 진리 가운데로 인도하시겠다고 하셨습니다.[55] 제자들이 나가 두루 전파했을 때 주께서 함께 역사하사 그 따르는 표적으로 말씀을 확실히 증언했다고 했습니다.[56] 제가 주님의 제자로

48. 마 7:9-11   49. 요 15:5   50. 빌 4:19   51. 마 7:7-8   52. 갈 5:16   53. 엡 5:18
54. 갈 5:22-23   55. 요 16:13   56. 막 16:20

주님을 증거하도록 성령의 능력으로 함께해주세요.

현재의 구체적인 상황에서 당면한 영적 필요를 놓고 기도하십시오.
"주님의 뜻을 이루기 위해서는 ＿＿＿＿＿＿＿＿＿＿＿＿＿＿ 한 영적인
은혜가 제게 필요합니다."

땅의 복을 주옵소서. 건강한 육체를 주옵소서. 이 몸으로 주를 위할 수 있도록 주님이 이 몸을 위하시길 빕니다.[57] 건강한 지성을 주옵소서. 하나님의 선하시고 기뻐하시고 온전하신 뜻이 무엇인지 분별하게 하옵소서.[58] 무엇에든지 참되며 무엇에든지 경건하며 무엇에든지 옳으며 무엇에든지 정결하며 무엇에든지 사랑받을 만하며 무엇에든지 칭찬받을 만하며 무슨 덕이 있든지 무슨 기림이 있든지 이것들을 생각하게 하옵소서.[59] 건강한 감성을 주옵소서. 항상 기뻐하고 쉬지 말고 기도하며 범사에 감사하게 하옵소서.[60] 사랑과 희락과 화평과 오래 참음과 자비와 양선과 충성과 온유와 절제가 체질화되게 하옵소서.[61] 건강한 사회성을 주옵소서. 그리스도께서 저를 받아 하나님께 영광을 돌리심과 같이 저도 다른 사람을 받게 하옵소서.[62] 언제 어디서 누구를 대하든지 사랑으로 대하게 하소서. "사랑은 오래 참고 사랑은 온유하며 시기하지 아니하며 사랑은 자랑하지 아니하며 교만하지 아니하며 무례히 행하지 아니하며 자기의 유익을 구하지 아니하며 성내지 아니하며 악한 것을 생각하지 아니하며 불의를 기뻐하지 아니하

[57]. 고전 6:13하   [58]. 롬 12:2   [59]. 빌 4:8   [60]. 살전 5:16-18   [61]. 갈 5:22-23   [62]. 롬 15:7

며 진리와 함께 기뻐하고 모든 것을 참으며 모든 것을 믿으며 모든 것을 바라며 모든 것을 견디느니라"고 했습니다.[63] 제게 그런 사랑을 주옵소서.

건강한 도덕성을 주옵소서. 하나님과 사람에 대하여 항상 양심에 거리낌이 없기를 원합니다.[64] 건전한 경제력을 주옵소서. 하나님의 사람 아굴처럼 저도 기도합니다. "나를 가난하게도 마옵시고 부하게도 마옵시고 오직 필요한 양식으로 나를 먹이시옵소서 혹 내가 배불러서 하나님을 모른다 여호와가 누구냐 할까 하오며 혹 내가 가난하여 도둑질하고 내 하나님의 이름을 욕되게 할까 두려워함이니이다."[65] 주님, 제 주위 사람들의 궁핍과 필요에 눈감지 않게 하소서.[66] 내 것을 기꺼이 나눔으로 얻는 축복이 무엇인지 배우게 하옵소서.[67] 하나는 자신을 위해, 하나는 굶주려 지치고 죽게 된 동료를 위해 두 개의 위장을 가진 개미처럼 살기 원합니다. 날마다 새로운 축복을 받아 그 축복으로 주변을 축복하는 축복의 사람으로 살게 하옵소서.[68]

현재의 구체적인 상황에서 당면한 이 땅의 필요를 놓고 기도하십시오.

"주님의 뜻을 이루기 위해서는 제게 _____ 한 육체적, 물질적인 은혜가 필요합니다."

"제가 _____ 를 돕기 위해

_____ 할 수 있는 은혜를 주십시오."

---

63. 고전 13:4-7   64. 행 24:16   65. 잠 30:8하-9   66. 마 5:42   67. 눅 6:38   68. 창 1:1-3

이 상황에서 성령이 떠오르게 하시는 말씀에 잠시 마음의 귀를 기울여 들으십시오. 기도는 독백이 아니라 아버지 하나님과 나누는 대화입니다. 이 상황에서 성령이 감동을 주시는 찬양이 있습니까? 지금 그 찬양을 주께 드리십시오.

우리가 우리에게 죄 지은 자를 사하여 준 것 같이 우리 죄를 사하여 주시옵고

하나님 아버지, 용서하여 주옵소서. 제 소원은 제가 언제 어디서 무엇을 하든지 주님의 영광을 위해 주님을 왕으로 모시며, 주님의 뜻을 이 땅에서 이루는 삶을 사는 것입니다. 그러나 제 소원과 달리 제 안에는 주님을 욕되게 하고, 주님께 반역하고, 주님의 뜻에 순종하지 못하게 발목 잡는 큰 문제가 있습니다.[69] 바로 저의 죄입니다. 저는 말씀을 통해, 죄를 지어서 죄인이 된 것이 아니라 죄인으로 태어났기 때문에 죄를 짓는 것을 깨달았습니다.[70] 저는 태어날 때부터 죄의 인자, 죄의 씨, 죄의 잠재력을 가지고 태어났습니다.[71] 그러나 예수님의 십자가 보혈로 제 모든 죄가 용서되었음을 믿습니다.[72] 그러나 여전히 죄의 감염은 제 삶의 구석구석에 배어 있어 죄에서 완전히 자유할 수 없음을 고백합니다. 저의 육은 계속해서 제 안에 계신 성령을 거스름으로 주님이 기뻐하시는 삶을 발목 잡습니다.[73] 주께서 그런 저의 약함과 악함을 다 아십니다.[74] 그러나 죄에서 구원받은 제가 또 죄를 범할 때마다 그 죄에서 헤어 나올 수 있는 용서의 길을 열어주신 주님께 감사드립니다. "여호와께서 말씀하시되 오라 우리가 서로 변론하자 너희

---

69. 롬 7:15-24   70. 롬 3:23   71. 시 51:5   72. 요일 1:7   73. 갈 5:17   74. 시 139:1-4

의 죄가 주홍 같을지라도 눈과 같이 희어질 것이요 진홍 같이 붉을지라도 양털 같이 희게 되리라."[75] 연탄 공장 같은 세상에 살면서 내 삶에 내려앉는 숱한 죄의 유혹을 이기지 못하고 불순종한 죄를 주님께 자백합니다.[76] 주님은 약속하여 주셨습니다. "만일 우리가 우리 죄를 자백하면 그는 미쁘시고 의로우사 우리 죄를 사하시며 우리를 모든 불의에서 깨끗하게 하실 것이요."[77] 이제 제가 주께서 하나님의 백성들에게 주신 삶의 기준을[78] 따라 가며 제 행위를 살필 때 죄를 깨닫게 해주시고, 고백할 때 용서해주옵소서. 주님의 약속대로 저를 용서해주십시오. 또한 제가 직접 지은 죄를 비롯해 주위에서 지은 죄를 자백할 때에도 주께서 저희 죄를 용서해주십시오.[79]

- ○ 하나님은 "나 외에는 다른 신들을 네게 두지 말라"고 하셨습니다.[80] 혹시 제가 혹은 제 주위에서 하나님을 무시하고 부인하며 삭제한 일은 없는지요?
- ● 하나님은 "우상을 만들지 말고 그것들을 섬기지 말라"고 하셨습니다.[81] 혹시 제가 혹은 제 주위에서 하나님 대신 의지하거나 바라거나 사랑하는 것은 없는지요?
- ○ 하나님은 "네 하나님 여호와의 이름을 망령 되게 부르지 말라"고 하셨습니다.[82] 혹시 제가 혹은 제 주위에서 하나님의 명예를 욕되게 하고 가치 없게 한 일은 없는지요?
- ● 하나님은 "안식일을 기억하여 거룩하게 지키라"고 하셨습니다.[83] 혹시 제가 혹은 제 주위에서 주님의 날을 멸시하였거나, 주가 주신 삶의 날들을 낭비하는 것은 없는지요?

75. 사 1:18 76. 요일 1:9 77. 요일 1:9 78. 출 20:3-17 79. 욥 1:5, 출 32:31-32 80. 출 20:3
81. 출 20:4 82. 출 20:7 83. 출 20:8

- ○ 하나님은 "네 부모를 공경하라"고 하셨습니다.[84] 혹시 제가 혹은 제 주위에서 하나님이 주신 부모를 욕되게 하고 가슴 아프게 하는 일은 없는지요?
- ● 하나님은 "살인하지 말라"고 하셨습니다.[85] 혹시 제가 혹은 제 주위에서 하나님이 주님의 형상대로 만든 최고의 작품인 사람의 생명과 가치를 비하하거나 파괴하는 일은 없는지요?
- ○ 하나님은 "간음하지 말라"고 하셨습니다.[86] 혹시 제가 혹은 제 주위에서 하나님이 가장 싫어하시는 음행을 어떤 형태로든 범하는 것은 없는지요?
- ● 하나님은 "도둑질하지 말라"고 하셨습니다.[87] 혹시 제가 혹은 제 주위에서 어떤 형태로든 남의 것을 내 것으로 취하는 것은 없는지요?
- ○ 하나님은 "거짓 증거 하지 말라"고 하셨습니다.[88] 혹시 제가 혹은 제 주위에서 진실하신 하나님 보시기에 거짓으로 행하는 것은 없는지요?
- ● 하나님은 "탐내지 말라"고 하셨습니다.[89] 혹시 제가 혹은 제 주위에서 마음을 채워야 할 하나님 자리를 대신 채우려고 탐내는 것은 없는지요?

주께서 지은 구체적인 죄를 떠올려주시면 구체적으로 고백하십시오.

제(저희)가 _____ 함으로 주께 불순종하였습니다. 저(저희)를 용서하여주십시오. 이 죄에서 떠나도록 은혜를 주십시오.

---

[84] 출 20:12 [85] 출 20:13 [86] 출 20:14 [87] 출 20:15 [88] 출 20:16 [89] 출 20:17

용서하게 하옵소서. 아버지, 주의 말씀을 다시 기억합니다. "여호와께서 말씀하시되 오라 우리가 서로 변론하자 너희의 죄가 주홍 같을지라도 눈과 같이 희어질 것이요 진홍 같이 붉을지라도 양털 같이 희게 되리라."[90] 주의 약속대로 제가 주께 고백한 죄를 주께서 용서해주심을 믿습니다. 한 가지 더 아뢸 것이 있습니다. 제가 주님께 죄를 지은 것처럼, 제게도 죄를 지은 사람이 있습니다. 주님이 말씀하셨습니다. "너희가 각각 마음으로부터 형제를 용서하지 아니하면 나의 하늘 아버지께서도 너희에게 이와 같이 하시리라."[91] 주님이 저를 용서해주신 것처럼 나도 그를 용서하고 그 빚을 청산해버릴 믿음과 용기를 주십시오.[92]

> 성령이 지적하시는 어떤 사람과 그가 한 일을 놓고 기도하십시오.
> "내게 _____ 한 잘못을 저지른
> _____ 를 주의 사랑으로 용서하기 원합니다.
> 제 마음에서 그 일을 지우게 도와주십시오."

이 상황에서 성령이 떠오르게 하시는 말씀에 잠시 마음의 귀를 기울여 들으십시오. 기도는 독백이 아니라 아버지 하나님과 나누는 대화입니다. 이 상황에서 성령이 감동을 주시는 찬양이 있습니까? 지금 그 찬양을 주께 드리십시오.

90. 사 1:18　91. 마 18:35　92. 눅 17:4

우리를 시험에 들게 하지 마시옵고
다만 악에서 구하시옵소서

하나님 아버지, 우리는 숱한 죄와 유혹이 숨겨진 지뢰밭 같은 세상에 살고 있습니다. 마귀가 원하는 것은 도둑질하고 죽이고 멸망시키려는 것뿐입니다.[93] 지금도 원수 마귀는 우는 사자 같이 두루 다니며 삼킬 자를 찾습니다.[94] 이런 위험한 세상에서도 우리가 기뻐하며 평강을 누리며 살 수 있는 이유는 세상을 이기신[95] 주님이 우리의 보호자이시기 때문입니다.[96] 주님이 약속하셨습니다. "두려워하지 말라 내가 너와 함께함이라 놀라지 말라 나는 네 하나님이 됨이라 내가 너를 굳세게 하리라 참으로 너를 도와주리라 참으로 나의 의로운 오른손으로 너를 붙들리라."[97] 세상을 사는 것이 생각하면 할수록 두렵고 걱정되지만, 주의 말씀을 믿고 의지합니다. "아무것도 염려하지 말고 다만 모든 일에 기도와 간구로, 너희 구할 것을 감사함으로 하나님께 아뢰라 그리하면 모든 지각에 뛰어난 하나님의 평강이 그리스도 예수 안에서 너희 마음과 생각을 지키시리라."[98]

하나님 아버지, **나를 지켜주옵소서**. 제가 바른 믿음을 잃지 않도록 지켜주십시오. 주님이 말세가 되면 악한 사람들과 속이는 자들은 더욱 악하여져서 속이기도 하고 속기도 하지만 "너는 배우고 확신한 일에 거하라"[99]고 말씀하셨습니다. 2000년 교회 역사를 통해 배우고 확신한 믿음의 길에서 벗어나지 않도록 저를 지켜주옵소서.[100] 전능하사 천지를 만드신 하나님 아버지를 믿습니다. 그 외아들 우리 주 예수 그리스도를 믿습니다. 예수님이 성령으로 잉태되어 동정녀 마리아에게서 나신 것을 믿습니다. 본디오 빌라도에게 고난을 받으사 십자가에 못 박혀

---

93. 요 10:10상 94. 벧전 5:8 95. 요 16:33 96. 시 91:4-6 97. 사 41:10 98. 빌 4:6-7
99. 딤후 3:13-14상 100. 사도신경을 나의 고백으로 고백함으로 믿음을 재확인한다.

죽으신 것을 믿습니다. 장사한 지 사흘 만에 다시 살아나신 것을 믿습니다. 하늘에 오르사 전능하신 우편에 앉아 계심을 믿습니다. 저리로서 산 자와 죽은 자를 심판하러 오심을 믿습니다. 성령을 믿습니다. 거룩한 공회가 서로 교통하는 것을 믿습니다. 죄를 사하여주시는 것을 믿습니다. 몸이 다시 사는 것을 믿습니다. 영원히 사는 것을 믿습니다.

> 흔들리거나 벗어났다고 생각되는 믿음이 있으면 주 앞에서 그 믿음을 바로잡고 흔들리지 않기를 간구하십시오.
>
> "주님, 제게 _____ 을 믿는 믿음에서 흔들리지 않는 확신을 주십시오."

하나님 아버지, 아버지께서 제 삶이 참으로 복을 누리고 복이 되게 하기 위해 주신 바른 삶의 기준을 벗어나지 않도록 지켜주십시오(1계명).[101] 하나님 외에 다른 신을 내게 두지 않게 하소서. 하나님을 무시하고 부인하고 삭제하는 일이 없도록 지켜주십시오. 마음을 다하고 목숨을 다하고 뜻을 다하고 힘을 다하여 주 하나님을 사랑하게 도와주십시오(2계명).[102] 우상을 만들거나 섬기지 말게 하소서. 하나님보다 더 의지하거나 바라거나 사랑하는 것이 없도록[103] 지켜주십시오(3계명). 하나님의 이름을 망령되게 부르지 않게 하소서. 하나님의 명예를 욕되게 하고 가치 없게 하지 않도록 지켜주십시오. 무슨 일을 하든지 주님의 영광을

---

101. 십계명을 삶의 기준선으로 고백함으로 하나님의 기준과 한 방향 정렬을 한다.
102. 막 12:30-31   103. 시 73:23-26

최우선 목표로 삼게 하소서(4계명). 안식일을 기억하여 거룩하게 지키게 하소서. 주님의 날을 멸시하거나, 주님이 주신 삶의 날들을 낭비하지 않도록 지켜주십시오(5계명). 부모님을 공경하게 하소서. 주께서 말씀하셨습니다. "자녀들아 모든 일에 부모에게 순종하라 이는 주 안에서 기쁘게 하는 것이니라." 하나님이 주신 부모님을 욕되게 하거나 가슴 아프게 하는 일이 없도록 지켜주십시오(6계명). 살인하지 말게 하소서. 하나님의 형상대로 만든 최고의 작품인 사람의 생명과 가치를 비하하거나 파괴하는 일이 없도록 지켜주십시오(7계명). 간음하지 말게 하소서. 이 음란한 세상에서 살지만, 하나님이 가장 싫어하시는 음행을 어떤 형태로든 범하지 않도록 지켜주십시오(8계명). 도둑질하지 말게 하소서. 어떤 형태로든 남의 것을 내 것으로 취하는 것이 없도록 지켜주십시오(9계명). 거짓 증거하지 말게 하소서. 하나님은 진실하신 아버지이십니다. 그러나 마귀는 거짓의 아비입니다. 진실하신 하나님 자녀답게 진실하게 살게 하소서. 작은 거짓을 물리치는 지혜와 용기를 주시옵소서. 하나님이여, 내 속에 정한 마음을 창조하시고 내 안에 정직한 영을 새롭게 하소서(10계명). 남의 것을 탐하지 말게 하소서. 내 마음을 채워야 할 하나님 자리를 대신 채우려고 탐내는 것이 없도록 지켜주십시오. 하박국처럼 하나님으로 만족하고 기뻐하는 삶을 배우게 하소서. "비록 무화과나무가 무성하지 못하며 포도나무에 열매가 없으며 감람나무에 소출이 없으며 밭에 먹을 것이 없으며 우리에 양이 없으며 외양간에 소가 없을지라도 나는 여호와로 말미암아 즐거워하며 나의 구원의 하나님으로 말미암아 기뻐하리로다 주 여호와는 나의 힘이시라 나의 발을 사슴과 같게 하사 나를 나의 높은 곳으로 다니게 하시리로다."

104. 골 3:20   105. 시 101:3-4   106. 엡 4:24   107. 요 8:44   108. 시 51:10   109. 합 3:17-19

현재 가장 취약한 죄, 잘 넘어지는 유혹, 두려워하는 죄 등을 놓고 기도하십시오.

"특별히 _____ 에서 저를 지켜주십시오."

주님, 저는 내일 어떤 일이 제게 일어날지, 그것에 대해 어떻게 대처해야 할지 모르는 양과 같습니다.[110] 그러나 불안하지 않는 것은 주님이 제 목자가 되시기 때문입니다. "내가 평안히 눕고 자기도 하리니 나를 안전히 살게 하시는 이는 오직 여호와"이시기 때문입니다.[111] 제가 염려하고 두려워하는 모든 악과 위험과 사고와 질병과 재난과 실수, 실패, 실족 당함으로부터 지켜주십시오.

현재 가장 염려되는 위험이나 어려움을 놓고 기도하십시오.

"특별히 제가 가장 염려하는 _____ 에서 저를 지켜주십시오."

하나님 아버지, 나를 건져주옵소서. 구덩이에 던져져 울부짖던 요셉처럼 저는 몇 가지 어려움에 빠져 있습니다. 이 곤경에서 저를 건져주실 분은 하나님 아버지뿐입니다. 여호와 내 하나님이여, 내가 주께 피하오니 나를 쫓아오는 모든 자들에게서 나를 구원하여 내소서.[112] 저를 건져주십시오. 여호와여, 힘이 강한 자와 약

110. 시 23:1 111. 시 4:8 112. 시 7:1

한 자 사이에는 주밖에 도와줄 이가 없사오니 우리를 도와주십시오.[113] 나를 수렁에서 건지사 빠지지 말게 하시고 나를 미워하는 자에게서와 깊은 물에서 건져 주시옵소서.[114]

> 현재의 당면한 위험, 질병, 유혹, 핍박, 사고, 재난, 실패, 파산 등을 구체적으로 들어 기도하십시오.
>
> "주님, _____ 에서 저를 건져주십시오."

> 내 주위의 위험, 질병, 유혹, 핍박, 사고, 재난, 실패, 파산, 전쟁, 지진 등 어려움 속에 있는 사람들을 위해 기도하십시오.
>
> "주님, _____ 을 그 어려움에서 건져주십시오."

> 이 상황에서 성령이 떠오르게 하시는 말씀에 잠시 마음의 귀를 기울여 들으십시오. 기도는 독백이 아니라 아버지 하나님과 나누는 대화입니다. 이 상황에서 성령이 감동을 주시는 찬양이 있습니까? 지금 그 찬양을 주께 드리십시오.

---

113. 대하 14:11   114. 시 69:14

10. 크리스천 기도 실습

나라와 권세와 영광이
아버지께 영원히 있사옵나이다 아멘

하나님 아버지, **아버지를 높입니다.** 하나님, 하나님의 손은 온 우주 만물, 보이는 것과 보이지 않는 모든 것을 만드셨습니다. 하나님의 손은 온 우주 만물을 쥐고 계십니다. 하나님의 손은 온 우주 만물을 지배하고 다스리는 왕의 손입니다.[115]
하나님은 복 되시고 유일하신 주권자이시며 만왕의 왕이시며 만주의 주이십니다.[116] 다윗이 노래한대로, 위대하심과 권능과 영광과 승리와 위엄이 다 주께 속하였으며, 천지에 있는 것이 다 주의 것입니다.
부와 귀가 주께로 말미암고 또 주는 만물의 주재가 되사 손에 권세와 능력이 있사오니 모든 사람을 크게 하심과 강하게 하심이 주의 손에 있습니다.[117] 하나님 손에 죽이기도 하시고 살리기도 하시며 내리기도 하시고 올리기도 하시고 가난하게도 하시고 부하게도 하시며 낮추기도 하시고 높이기도 하시는 권세가 있습니다.[118] 나라와 권세와 영광이 모두 하나님 손에 있습니다. 이 시간 제 마음으로, 제 입술로 주님을 높입니다.
아버지를 믿습니다. 이렇게 하나님의 위대하심을 높이는 저는 행복한 사람입니다. 그 높으신 하나님이 제 아버지이시기 때문입니다. 제가 드리는 기도는 위대하신 하나님과 티끌 같은 저를 연결하는 위대한 축복의 통로입니다. 주의 전능이 제 무능으로 흐르고, 주의 지혜가 제 무지로 흐르고, 주의 거룩이 제 부정으로 흐르고, 주의 부요가 제 핍절로 흐르는 기적의 통로입니다. 저의 작은 기도에 큰 귀를 기울이시는 하나님을 사랑합니다.[119] 가장 좋은 것으로 응답하시는 주

---

115. 골 1:16-17   116. 딤전 6:15   117. 대상 29:11-12   118. 삼상 2:6-7   119. 시 116:1-2

의 약속을 믿습니다. 주님을 믿고, 주님의 약속을 믿습니다.

네 입을 크게 열라 내가 채우리라.[120]

너는 내게 부르짖으라 내가 네게 응답하겠고 네가 알지 못하는 크고 은밀한 일을 네게 보이리라.[121]

구하라 그리하면 너희에게 주실 것이요 찾으라 그리하면 찾아낼 것이요 문을 두드리라 그리하면 너희에게 열릴 것이니 구하는 이마다 받을 것이요 찾는 이는 찾아낼 것이요 두드리는 이에게는 열릴 것이니라 너희 중에 누가 아들이 떡을 달라 하는데 돌을 주며 생선을 달라 하는데 뱀을 줄 사람이 있겠느냐 너희가 악한 자라도 좋은 것으로 자식에게 줄 줄 알거든 하물며 하늘에 계신 너희 아버지께서 구하는 자에게 좋은 것으로 주시지 않겠느냐.[122]

그를 향하여 우리가 가진 바 담대함이 이것이니 그의 뜻대로 무엇을 구하면 들으심이라 우리가 무엇이든지 구하는 바를 들으시는 줄을 안즉 우리가 그에게 구한 그것을 얻은 줄을 또한 아느니라.[123]

이 상황에서 성령이 떠오르게 하시는 말씀에 잠시 마음의 귀를 기울여 들으십시오. 기도는 독백이 아니라 아버지 하나님과 나누는 대화입니다. 이 상황에서 성령이 감동을 주시는 찬양이 있습니까? 지금 그 찬양을 주께 드리십시오.

---

120. 시 81:10하 121. 렘 33:3 122. 마 7:7-11 123. 요일 5:14-15

제가 드린 이 기도를 응답하심으로 하나님만 홀로 영광을 받으시길 원합니다. 하나님, 사랑합니다. 하나님, 감사합니다. 이 모든 말씀을 예수님의 이름으로 기도합니다. 아멘.

11

크리스천 기도의 기도근(筋) 키우기

주기도를 내기도로, 내 기도를 주기도로 붙들기 위한 긴 여행이 거의 끝나는 지점에 이르렀습니다. 지금까지 읽은 내용이 정보로 머물 것인지, 내 기도를 세우는 도구로 활용될 것인지 선택해야 하는 갈림길 앞에 섰습니다. 주기도를 낭비하지 않아야 합니다. 주기도를 내 기도로, 내 기도를 주기도로 붙들고 한평생 주님과 멋지게 동행하기 원한다면 기도근을 키워야 합니다. 한 번 생각해봅시다. 어느 날, 내가 일흔 살 노인의 단련된 근육질 몸매를 보고 큰 도전을 받았습니다. 서점에 가 보니 불룩하게 나온 배를 초콜릿 복근으로 만들 수 있는 방법을 다룬 책이 여러 권 있었습니다. 그중 가장 마음에 드는 책을 사왔습니다. 그리고 충실하게 읽었습니다. 책을 읽으며 밑줄도 긋고 여백에 표시도 했습니다. 책을 읽고 난 뒤 그렇게만 하면 반드시 멋진 몸매가 되리라는 확신도 얻었습니다. 자, 이제 제 뱃살에 어떤 변화가 일어났을까요? 아무런 변화도 일어나지 않았습니다! 왜 아무런 변화가 없었는지 당신은 이미 알고 있습니다.

모든 근육이 그러하듯 기도의 근육도 책을 읽었다고, 확신을 가졌다고 해서 생기지 않습니다. 모든 근육이 그러하듯 기도근도 지속적으로 사용해야 형성됩니다. 이제 크리스첸 기도가 당신 자신의 영적 근육으로 자리 잡기 위한 몇 가지 원리와 방법을 나누려고 합니다. 중요한 것은 고개를 끄덕이는 것이 아니라, 이 영적인 근육 운동을 매일 지속하는 것입니다. 계속해서 크리스천 기도를 활용하다 보면 당신이 모르는 사이에 단단한 기도근이 형성될 것입니다.

원리

1. 발성기도

기도할 때 옆에 있는 사람이 들을 정도로 분명한 음성과 발음으로 소리 내어 기도하십시오. 소리를 내어 기도할 때 더욱 주의 임재와 교제에 집중할 수 있습니다. 기도는 하나님과의 인격적인 대화입니다. 소리 내어 대화할 때 그 소리는 기도자 자신의 의식으로 스며듭니다. 소리 내어 기도함으로 자신이 자랍니다. 소리 내어 기도할 때 기도의 담력이 자랍니다.

2. 대화기도

기도는 일방적인 호소가 아닙니다. 하나님과의 인격적인 대화입니다. 하나님과 대화하는 예의와 매너를 갖추십시오. 문법적으로 맞는 말을 하십시오. 사람 사이의 대화도 쌍방 커뮤니케이션이 이루어져야 하듯이 하나님과의 대화도 쌍방 커뮤니케이션이 이루어져야 합니다. 기도하다보면 성령이 당신의 마음에 떠올려주시는 생각도 있고, 자극하시는 감정도 있고, 지적하시는 죄도 있고, 당신의 마음 깊은 상처와 아픔을 보듬으시는 위로도 있습니다. 내 말을 쏟아놓는 게 기도의 능사가 아닙니다. 언제나 기도 중에 성령이 말씀하시는 것을 느끼면 내 입을 닫고 영의 귀를 기울이십시오.

3. 믿음기도

하나님은 내 말을 한마디도 놓치지 않고 들으십니다. "귀를 지으신 이가 듣지 아니하시랴 눈을 만드신 이가 보지 아니하시랴"(시 94:9). 내 눈물, 내 아픔, 내 고통…. 어느 것 하나 보지 못하는 것이 없으십니다. 하나님이 내 기도 이전의 내 모습, 내 마음을 다 보고 들으심을 믿음으로 의식하며 기도하십시오.

4. 감사기도

속상한 현실, 분노가 가득한 가슴, 미움이 이글거리는 생각…. 어떤 것이라도 주님께 갖고 나올 수 있습니다. 그러나 하늘의 왕이 당신의 그 아픔과 고통을 듣기 위해 귀를 기울이고 계심에 감사하는 마음의 태도로 기도하십시오. 커뮤니케이션에서는 내용보다 태도가 훨씬 더 중요합니다. "아무것도 염려하지 말고 다만 모든 일에 기도와 간구로, 너희 구할 것을 감사함으로 하나님께 아뢰라 그리하면 모든 지각에 뛰어난 하나님의 평강이 그리스도 예수 안에서 너희 마음과 생각을 지키시리라"(빌 4:6-7).

5. 반복기도

같은 말을 반복하거나, 같은 기도 내용을 반복하는 것을 두려워하지 마십시오. 중언부언이 마음이 실리지 않은 말의 반복이라면, 반복기도는 마음과 믿음이 실린 기도의 반복입니다. 불의한 재판관의 비유에서 과부는 매일 반복된 기도로 재판관의 마음을 열었습니다. 바디매오도 반복기도로 눈을 뜨게 되었습니다. 예수님도 겟세마네 동산에서 기도를 반복하셨습니다. 같은 기도를 반복하는 것을 두려워하지 마십시오.

6. 적용기도

만일 날줄기도만 반복한다면 크리스천 기도는 또 다른 기도 형식으로 전락하고 말 것입니다. 기도집 낭독 같은 기계적인 기도로는 주님과의 인격적인 동행을 배울 수가 없습니다. 주께서 가르쳐주신 주기도는 기도 내용이라기보다는 기도의 틀이기 때문입니다. 그 완벽하고 확실한 날줄에 지금 여기 나의 상황을 씨줄로 삼아 나와 주님만 아는 기도의 카펫을 짜나가야 합니다. 모르는 사이 주님과 깊은 교제의 정이 쌓이고, 구체적이고 자상한 간섭이 당신의 삶을 이끌어 가시는 것을 보게 될 것입니다.

7. 점증기도

모든 근육 운동이 그러하듯 기도근이 하루아침에 생기지 않습니다. 먼저 1, 2단계로 확고한 기도의 틀을 세우고, 그다음에는 3단계로 조금씩 살을 붙여가며 크리스천 기도의 맛을 키워가야 합니다. 3단계가 확립된 뒤에 4단계에 도전하십시오. 가장 중요한 것은 매일 조금씩 그러나 끊임없이 기도의 깊이와 넓이를 늘리고 넓히는 것입니다.

8. 신축기도

크리스천 기도는 1분도 할 수 있고 100분도 할 수 있는 유연한 기도입니다. 그날의 상황에 따라 당신의 씨줄을 신축적으로 날줄에 매기십시오. 줄이기도 하고, 늘이기도 하고, 건너뛰기도 하십시오. 시간이 없으면 3단계로 기도할 수 있습니다. 시간이 많으면 4단계로 기도하며 생각나는 찬양도 부르고 말씀도 찾아 읽으며 메모도 하십시오. 그러나 어떤 경우에도 날줄은 건드리지 마십시오. 날줄의 순서를 바꾸거나, 날줄의 개수를 빼면 크리스천 기도의 기본 틀이 무너집니다.

9. 다변기도

이 장에서 제시하는 몇 가지 아이디어를 활용하거나, 자신에게 맞는 방식으로 변형하고 개발하여 같은 크리스천 기도를 창의적이고 다양한 방식으로 기도하십시오.

골격을 강하게

주기도를 내 기도로, 내 기도를 주기도로 확립하는 일의 관건은 날줄기도를 확고하게 붙잡는 일에 있습니다. 매일 반복을 통해 주기도문 8마디와 내 기도 16마디를 정확하고 확실하게 입에 붙도록 해야 합니다.

첫째, 크리스천 기도손을 활용하십시오. 양 손으로는 의미를 생각하며 정확한 동작을 만들고, 생각으로는 하나님의 손과 내 손의 상호작용을 상상하며, 마음으로는 성령의 임재와 인도를 손의 온기와 촉감을 통해 느끼며, 입으로는 정확한 표현을 소리 내어 기도하십시오.

둘째, 크리스천 기도송을 활용하십시오. 노래는 기억을 돕는데 효과적입니다. 기도송을 부를 때마다 기도손을 동원하십시오. 수백 번 수천 번 반복해도 식상하지 않을 영적인 노래가 될 것입니다.

기도의 골밀도 높이기

종교적인 감정은 우리를 매우 굴곡이 심한 기도생활로 인도합니다. 가슴이 뜨거울 땐 새벽기도도 하지만, 가슴이 식으면 오랜 기도의 방학에 들어가게 만듭니다. 천수답(天水畓, 벼농사에 필요한 물을 빗물에만 의존하는 논) 같은 기도생활을 중단하고, 느낌이 있든 없든, 욕구가 있든 없든 기도할 수 있는 수

리답(水利畓, 관개 시설이 잘되어 가뭄에도 안전하게 농사를 지을 수 있는 논) 같은 전천후 기도생활을 하기 원합니까?

또 상황에 따라 기도하는 습관이 정착되면 급할 때 구조 요청하듯 기도하는 지니 모드의 기도 습관이 정착됩니다. 보통 때는 기도하지 못합니다. 내가 감당할 수 없을 만큼 문제가 심각하면 '마지막으로' 하나님께 매달립니다. 한평생 기도가 부실할 수밖에 없는 이유입니다. 이렇게 감정에 따른 기도생활, 상황에 따른 기도생활은 골다공증 걸린 뼈처럼 기도생활이 푸석푸석하고 힘이 없습니다.

여기 좋은 방법이 있습니다.

첫째, 당신의 씨줄기도를 하나님의 말씀에 엮어 기도하는 것입니다. 하나님의 말씀으로 기도할 때 그 기도에는 위력이 생깁니다. 주께서 약속하셨습니다. "너희가 내 안에 거하고 내 말이 너희 안에 거하면 무엇이든지 원하는 대로 구하라 그리하면 이루리라"(요 15:7). 말씀에 엮인 기도에는 힘이 있습니다. 육적인 게으름에 저항하는 힘도 있고, 사탄의 온갖 의심의 연막전술을 뚫고 나가는 힘도 있고, 내 기도를 하나님 보좌까지 이끌고 가는 것을 확신할 힘도 있습니다. 기도할 때 가능한 많은 성경 구절을 기도로 변환하여 주께 아뢰십시오. 하나님의 말씀으로 기도할 때 누리는 또 다른 축복은 기도 속에서 그 말씀이 내 안에 내면화되고 의식화되는 것입니다. 나는 매일 아침 거의 100구절이 넘는 성경 구절을 기도에 사용함으로써 점점 더 깊이 예수님을 만나고 알아가는 축복을 누립니다. 10장의 크리스천 기도 실습의 기도문을 자세히 보면 하나님의 말씀과 연결되어 기도가 이루어진 것을 알 수 있습니다. 모든 기도를 다 그렇게 할 필요는 없습니다. 그러나 성경을 암송함으로 기도가 풍성해지고, 기도에 응용함으로 말씀이 내 속에 뿌리내리는 쌍방향 축복을 누릴 수 있다는 점에서 당신의 기도를 말씀으로 채워가길 적극 권합니다. 크리스천 기도의 뿌리는 하나님의 말씀입니다.

둘째, 기도문을 쓰는 것입니다. 새 술은 새 부대에! 이전에 가졌던 기도의 습관을 유지한 채 크리스천 기도를 하려면 둘 다 혼란에 빠집니다. 새로운 기도의 틀을 주셨으니, 가능하면 무슨 기도를 하든지 크리스천 기도 날줄에 걸어 기도해보도록 노력하십시오. 기상기도도, 취침기도도, 예배 대표기도도, 병상기도도, 나라를 위한 기도도, 병문안 기도도, 자녀를 위한 기도도 날줄기도에 걸어 기도해보십시오. 당신의 기도가 새로운 지경에 이르게 될 것입니다. 크리스천 기도를 익히는 가장 빠른 방법은 처음 얼마간은 기도를 문장으로 써서 기도하는 것입니다.

다음 몇 개의 기도문은 크리스천 기도 세미나에서 훈련생들이 직접 쓴 기도들입니다. 당신도 이런 식으로 자신의 기도 노트에 기도문을 기록해보십시오. 기록할 때 생각이 정돈되고 집중됩니다. 기도가 쑥쑥 자라는 것을 보게 될 것입니다.

기상기도

오영화

나의 힘이 되신 여호와여, 내가 주님을 찬양합니다. 오늘 하루를 허락하신 주님께 감사드립니다. 주님, 오늘의 삶을 주께 드립니다. 오늘 주어진 모든 일을 주께 하듯 감당하므로 주께 드리는 하루가 되길 원합니다. 일하는 처소와 머무는 모든 곳에서 먹든지 마시든지 무엇을 하든지 하나님께 영광이 되길 원합니다.

주님은 나의 왕이십니다. 오늘도 나의 마음을 다스려주셔서 말에는 기쁨과 감사가 넘치게 하시고 일에는 즐거움과 행복으로 감당하므로 의의 병기로 사용되게 하옵소서. 나의 가는 그곳에서 주님의 뜻이 이루어지길 원합니다. 주님의 뜻을 이뤄드리는 도구로 사용되게 하옵소서.

오늘도 하늘의 신령한 복으로 복 주시되 성령으로 충만하게 인도하여 주옵소서. 이 땅에서 필요한 모든 것을 예수 그리스도 안에서 채워주실 줄 믿습니다. 오늘도 만나는 이들 중에 마음에 미움과 시기, 질투, 분노가 앞서는 이들이 있습니다. 이들을 용서하고 품을 수 있는 믿음을 주옵소서. 오늘도 내 영혼과 마음을 지켜주셔서 강건하게 하옵시고, 운전할 때에도 차량의 핸들을 주님께 맡깁니다. 위험한 사고의 순간에서 건져주옵소서. 세세 무궁토록 하나님을 높입니다. 하나님을 믿습니다. 예수님의 이름으로 기도드립니다. 아멘.

자녀들을 위한 기도

이랑

하나님 아버지, 자녀들을 선물로 주신 주님을 찬양합니다. 자녀들이 건강하게 자라게 해주신 것에 감사합니다. 맡겨주신 자녀들을 잘 세울 수 있도록 저를 주께 드립니다. 천대에 믿음이 전수되는 가정으로 주의 영광되기 원해요. 예수님은 우리 가정의 주인이십니다. 자녀들의 왕이십니다. 주님, 자녀들의 인생을 다스리소서. 생각과 입술과 행동을 다스리소서.

자녀들의 삶을 주관하여주옵소서. 자녀들이 구별되어 하나님의 뜻을 이루는 통로로 사용되게 하옵소서. 주님의 뜻을 이뤄드리는 삶을 살게 하소서. 자녀들이 말씀과 기도로 바로 서서 영적으로 주 안에서 성장하게 하소서. 자녀를 내 마음대로 조종하려고 한 어미된 저를 용서하소서. 우리 자녀들이 아버지의 마음으로 용서하는 삶을 살게 하소서. 주님, 저희 자녀들을 지켜주소서. 못된 영상 매체로부터, 잘못된 가치관으로부터, 기복이 심한 자신의 감정으로부터 지켜주소서. 포기하고 싶은 절망과 잘못된 습관으로부터 건져주소서.

이 아이들의 입술을 통해 찬양 받으실 하나님을 높입니다. 점점 성장하는 자녀들을 보게 해주신 하나님을 높입니다. 아무것도 채울 수 없는 아이들의 공허함을 채워주실 분은 오직 하나님뿐임을 믿습니다. 머리털까지 세신 바 된 하나님께서 자녀들의 인생을 책임져주실 것이라 믿으며 예수님 이름으로 기도합니다. 아멘.

병상기도

박영희

생명의 주관자 되시는 하나님 아버지를 찬양합니다. 오늘도 저에게 생명 주신 것을 감사합니다. 저의 아픔이 오히려 주의 영광 되기 원합니다. 저의 몸과 마음을 주님께 드립니다.

예수님은 제 몸과 마음을 다스리는 분이십니다. 주님, 저의 질병을 다스려주소서. 저에게 주님의 뜻이 몸의 고통을 통해서 이루어지길 원합니다. 저의 고통을 통해 저를 향한 주님의 뜻을 이루어드리길 원합니다. 이 고통을 이길 하늘의 힘을 주옵소서. 육체의 힘을 주옵소서.

제가 그 동안 타인의 고통을 외면했던 것과 게으름을 용서해주옵소서. 저의 고통을 외면했던 이들을 용서합니다. 나의 고통에서 낙심치 않도록 하나님께서 나를 지켜주옵소서. 고통에서 나를 건져주옵소서. 나를 주관하시는 하나님을 높입니다. 하나님이 이루시리라 믿으며 우리 주 예수 그리스도의 이름으로 기도합니다. 아멘.

장례 위로기도

김은일

생명의 주관자 되신 아버지 하나님, 아버지를 찬양합니다. 사랑하는 집사님을 떠나보내는 이 중요한 순간, 가장 귀하신 하나님께 예배하게 하시니 감사합니다. 먼저 주님 앞에 가신 집사님의 걸음처럼 우리의 삶도 예수님 안에 있기 원합니다. 우리에게 생명주셨을 때 주님을 영화롭게 하는 삶을 살게 하소서.

하늘의 나는 새도 들의 백합화도, 주님의 허락 없이는 떨어지는 법이 없습니다. 주님의 특별한 계획 속에서 사랑하는 집사님을 부르신 주님, 주님의 완전하신 계획을 다 알 수 없기에 너무 아프고 힘이 들지만, 주님은 우리의 진정한 왕이십니다. 주님의 계획을 깨닫게 되는 날, 주님은 이 깊은 슬픔을 기쁨으로 바꾸실 것입니다. 주님께서 사랑하는 아버님을 떠나보낸 유족들의 삶을 다스려주시기를 원합니다. 빈자리마다 주님으로 채워주시고, 주님의 위로로 힘을 얻게 하옵소서

더 많이 사랑하지 못한 것, 더 많이 감사하지 못한 것을 용서해주시고, 이제는 더 많은 사랑과 감사로 살아가게 하옵소서. 남겨진 유족들의 마음을 지켜주시고, 깊은 상실감으로 부터 건져주옵소서. 사랑하는 유족들을 통하여 하나님이 영광받으시길 소원합니다. 신실하신 아버지를 바라보게 하옵소서. 예수님의 이름으로 기도합니다. 아멘.

크리스천 기도 생활화

다음과 같은 방법으로 크리스천 기도를 자신의 삶에 녹아들게 할 수 있습니다.

○ **기도 카드**

휴대가 간편한 적당한 크기의 독서 카드를 구입하여 크리스천 기도 카드를 만듭니다. 기도가 확장되는 것을 손으로 확인하는 즐거움이 있습니다. 가능하다면 날줄기도를 적는 카드 색을 다르게 함으로 갈피를 만들면 새로운 기도 카드를 더하거나 뺄 때 수월합니다.

● **스마트폰**

스마트폰의 메모 기능을 이용하여 크리스천 기도의 날줄을 여덟 장 메모지로 고정하여 놓고, 상황마다 주어지는 씨줄기도의 제목을 기록하고 기도하며 삭제하는 방식으로 크리스천 기도를 내 삶의 의식 속에 심습니다.

○ **산책로 기도**

규칙적으로 걷는 산책로가 있다면, 거리를 8등분하고 그 지점에 이르기까지 걸으며 기도합니다.

● 아파트나 사무실 계단 오르기 기도

층마다 주기도의 부분을 설정해 놓고, 계단을 오르내릴 때마다 기도합니다.

○ 출퇴근 구간 기도

전철이나 버스 등 정규적인 출퇴근 코스를 8등분하고 그 동안에 날줄 구간을 합니다.

크리스천 기도

1쇄 인쇄 2013년 11월 29일
1쇄 발행 2013년 12월 13일

지은이 양승헌
펴낸곳 주)도서출판 디모데〈파이디온선교회 출판 사역 기관〉

등록 2005년 6월 16일 제 319-2005-24호
주소 서울특별시 서초구 서초대로 141-23(방배동, 세일빌딩)
전화 마케팅실 070) 4018-4141
팩스 마케팅실 031) 902-7795
홈페이지 www.timothybook.com

값 12,000원
ISBN 978-89-388-1565-1 03230
Copyright ⓒ 주)도서출판 디모데 2013 〈Printed in Korea〉

본문 31쪽의 크리스천 기도송에 사용한 곡의 저작권을 관리하시는 분과 연락이 닿지 않아 사용 허가를 받지 못했습니다. 저작권을 관리하시는 분은 출판사로 연락 주십시오.